いっきに！　同時に！

世界史もわかる日本史【人物編】

河合　敦・監修
Atsushi Kawai
手塚治虫・画

JIPPI Compact

実業之日本社

他アジア
- ローマ帝国
- 東ローマ帝国)
- ササン朝
- ウマイヤ朝

中国
- 漢
- 三国時代
- 晋
- 五胡十六国
- 南北朝
- 隋
- 唐
- 690 則天武后、帝位に
- 55 安史の乱

日本
- 弥生時代
- 239 卑弥呼、遣いを魏に送る
- 古墳時代
- 478 倭王武、中国に遣使
- 527 筑紫国造磐井の反乱
- 飛鳥時代
- 604 十七条憲法制定
- 645 大化の改新
- 710 平城京遷都
- 奈良時代
- 752 大仏開眼供養

同世代人
- 卑弥呼 / 諸葛亮(孔明)
- 聖徳太子 / ムハンマド
- 天智天皇 / 則天武后
- 聖武天皇 / 李白

英 仏 独 伊 西
- ローマ帝国
- 212 アントニヌス勅令
- 313 ミラノ勅令(キリスト教公認)
- 西ローマ帝国
- ゲルマン民族の移動
- アングロサクソン七王国
- フランク王国
- 西ゴート王国

※米=アメリカ/英=イギリス/仏=フランス/独=ドイツ/露=ロシア/伊=イタリア/西=スペインの略です。

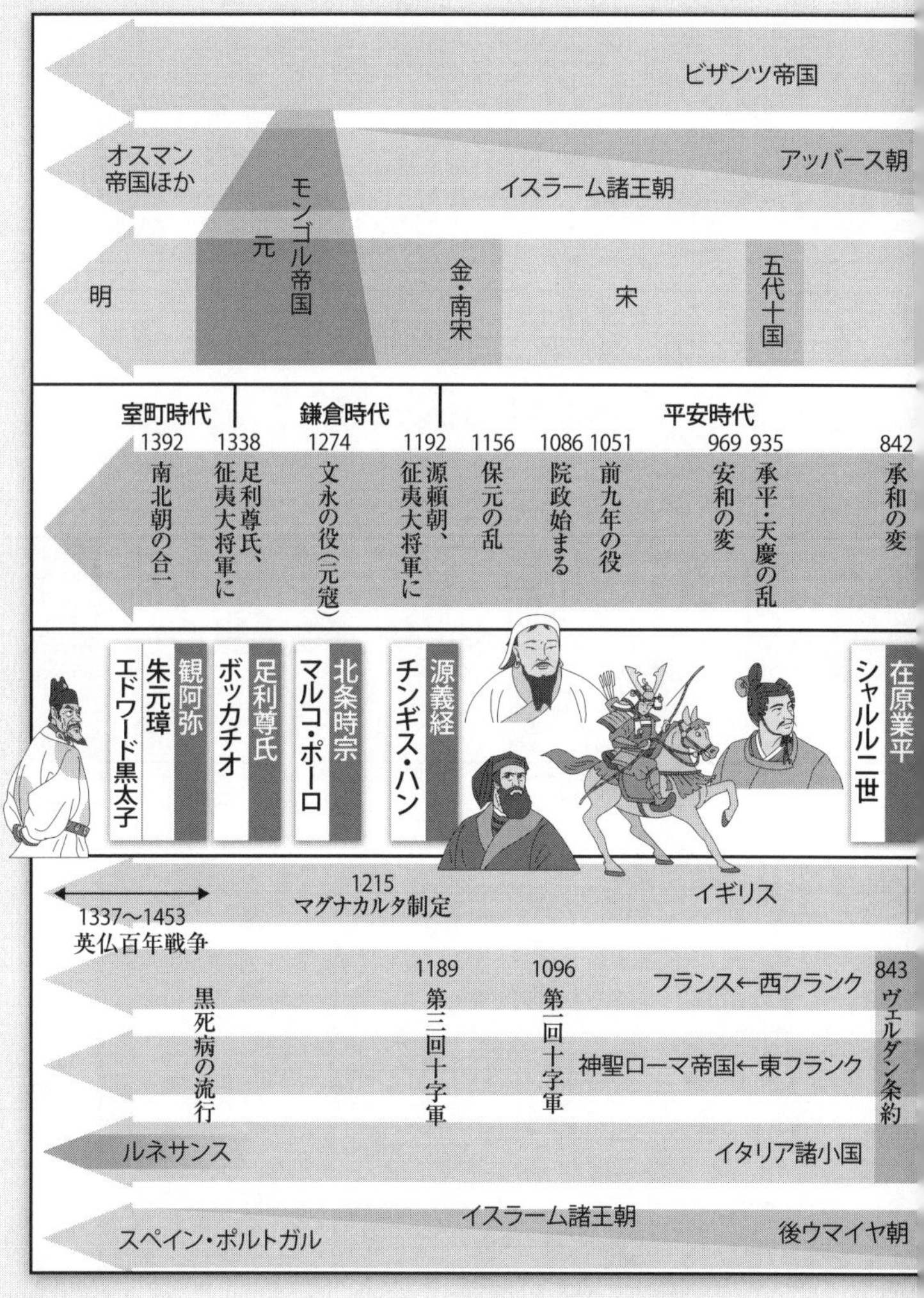

ビザンツ帝国
オスマン帝国ほか
アッバース朝
イスラーム諸王朝
モンゴル帝国
元
明
金・南宋
宋
五代十国
室町時代
鎌倉時代
平安時代
1392 南北朝の合一
1338 足利尊氏、征夷大将軍に
1274 文永の役(元寇)
1192 源頼朝、征夷大将軍に
1156 保元の乱
1086 院政始まる
1051 前九年の役
969 安和の変
935 承平・天慶の乱
842 承和の変
観阿弥
朱元璋
エドワード黒太子
足利尊氏
ボッカチオ
北条時宗
マルコ・ポーロ
源義経
チンギス・ハン
在原業平
シャルル二世
1215 マグナカルタ制定
イギリス
1337～1453 英仏百年戦争
1189 第三回十字軍
1096 第一回十字軍
フランス←西フランク
843 ヴェルダン条約
黒死病の流行
神聖ローマ帝国←東フランク
ルネサンス
イタリア諸小国
イスラーム諸王朝
スペイン・ポルトガル
後ウマイヤ朝

同世代人年表 2

他アジア
- 1498 ガマ、インドに到達
- 1533 インカ帝国滅亡
- 1600 英、東インド会社設立

中国
- 明
- 1619 サルフの戦い
- 1644 明滅亡
- 39 ネルチンスク

日本
- 室町時代
- 1467 応仁の乱
- 1543 鉄砲伝来
- 1568 信長、入京
- 安土桃山時代
- 1582 本能寺の変
- 1600 関ヶ原の戦い
- 1615 大坂夏の陣
- 1639 鎖国の完成
- 1657 明暦の大火

同世代人

- 足利義尚 ／ ヴァスコ・ダ・ガマ
- 織田信長 ／ エリザベス一世
- 真田幸村 ／ ヌルハチ
- 徳川家光 ／ クロムウェル

米

英
- 1455〜1485 バラ戦争
- 1588 無敵艦隊撃破
- 1642〜1649 ピューリタン革命
- 8〜1689 誉革命

仏
- 1562〜1598 ユグノー戦争

独
- 1517 ルター、95カ条の論題
- 宗教改革始まる
- 1618〜1648 三十年戦争

伊
- ルネサンス

西
- 1492 レコンキスタ完成 コロンブス、米に着
- 1571 レパント海戦

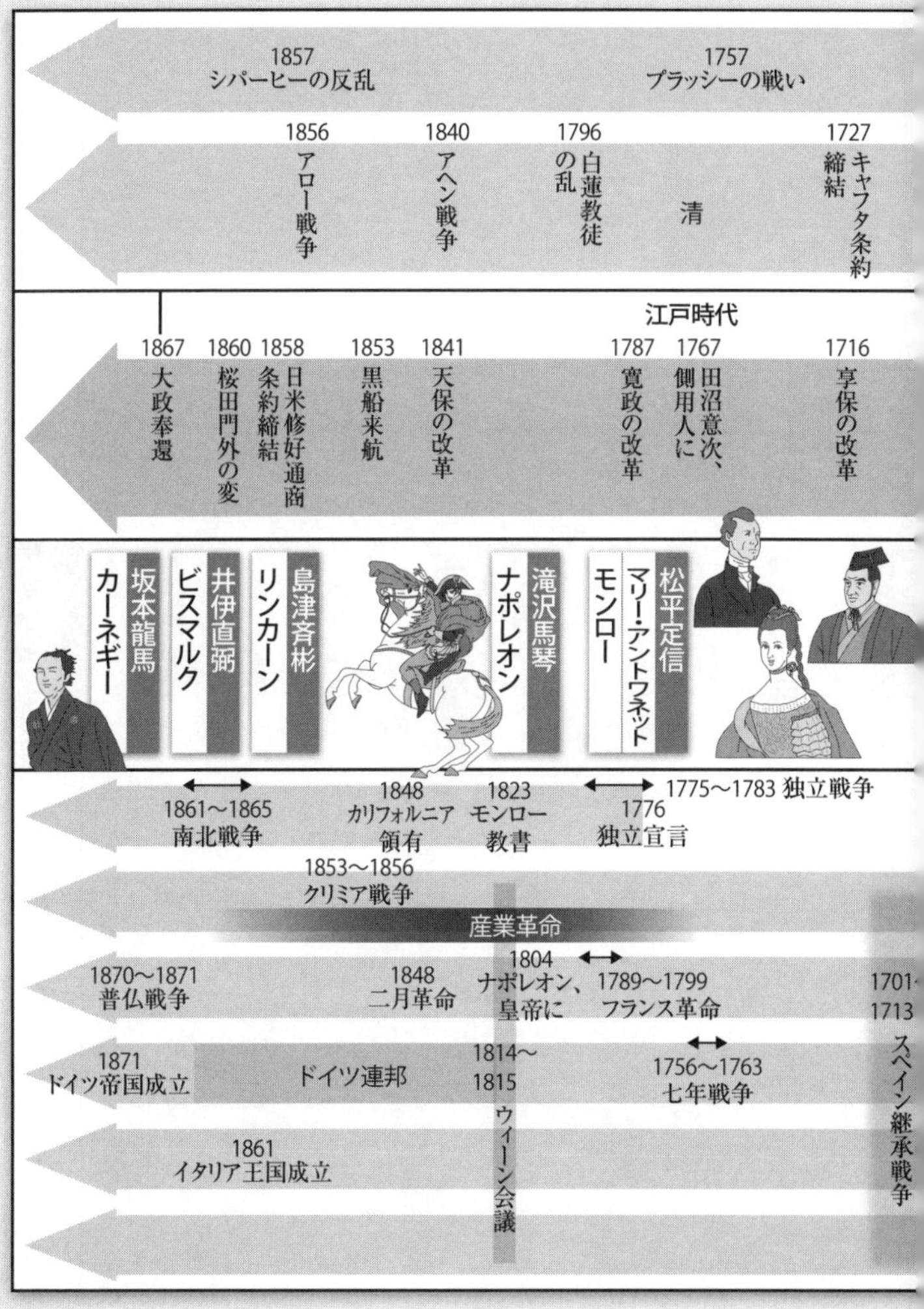
1857
シパーヒーの反乱
1757
プラッシーの戦い
1856
アロー戦争
1840
アヘン戦争
1796
白蓮教徒の乱
清
1727
キャフタ条約締結
江戸時代
1867
大政奉還
1860
桜田門外の変
1858
日米修好通商条約締結
1853
黒船来航
1841
天保の改革
1787
寛政の改革
1767
田沼意次、側用人に
1716
享保の改革
坂本龍馬
カーネギー
井伊直弼
ビスマルク
島津斉彬
リンカーン
滝沢馬琴
ナポレオン
松平定信
マリー・アントワネット
モンロー
1861〜1865
南北戦争
1848
カリフォルニア領有
1823
モンロー教書
1776
独立宣言
1775〜1783 独立戦争
1853〜1856
クリミア戦争
産業革命
1870〜1871
普仏戦争
1848
二月革命
1804
ナポレオン、皇帝に
1789〜1799
フランス革命
1701
1713
スペイン継承戦争
1871
ドイツ帝国成立
ドイツ連邦
1814〜
1815
ウィーン会議
1756〜1763
七年戦争
1861
イタリア王国成立

同世代人年表 3

他アジア
- 民族運動・独立運動の高まり
- 1877 英領インド帝国成立
- 列強の植民地化進む

中国
- 1911 辛亥革命
- 1900 義和団事件
- 1884 清仏戦争
- 清

日本
- 大正 ／ 明治 ／ 江戸時代
- 1918 米騒動
- 1911 関税自主権回復
- 1904～1905 日露戦争
- 1902 日英同盟
- 1894～1895 日清戦争
- 1889 大日本帝国憲法発布
- 1885 内閣制度発足
- 1877 西南戦争
- 1871 廃藩置県
- 1868 五箇条の誓文

同世代人
- 竹久夢二 ／ モディリアーニ
- 秋山真之 ／ レーニン
- 豊田佐吉 ／ ライト兄弟（兄）

- 伊藤博文 ／ ルノワール

米
- 1903 ライト兄弟飛行実験成功
- 1898 米西戦争
- 1877 エジソン蓄音器発明
- 1869 大陸横断鉄道開通

露
- 1917 ロシア革命
- 1907 英仏露三国協商成立
- 1904～1905 日露戦争
- 1869 トルストイ『戦争と平和』

英
- 1914～1918 第一次世界大戦
- 1902 日英同盟
- 3C政策
- 1877 英領インド帝国成立

仏
- 1870 第三共和政成立

独
- 3B政策
- 1871 ドイツ帝国成立

伊
- 1882 独墺伊三国同盟成立

1965〜1973
ベトナム戦争
1950〜1953
朝鮮戦争
各国独立
1930
ガンディー塩の行進
1978
日中平和友好条約調印
文化大革命
1949
中華人民共和国建国
1937〜1945
日中戦争
1931
満州事変
中華民国
平成
昭和
1972
沖縄祖国復帰
1964
東京オリンピック開催
1951
サンフランシスコ平和条約
1946
日本国憲法公布
GHQの支配
1941〜1945
太平洋戦争
1936
二・二六事件
1925
普通選挙法
治安維持法
手塚治虫
ニール・アームストロング
川端康成
ヘミングウェイ
松下幸之助
ヒトラー
1969 アポロ月面着陸
1965〜1973 ベトナム戦争
1979
アフガニスタン軍事介入
1962
キューバ危機
1973
EC加盟
冷戦
1973
石油危機
1967
EC発足
1949
NATO調印
1949
コメコン成立
1949
NATO調印
1949
東西ドイツ成立
1939〜1945
第二次世界大戦
1929
NY市場株価暴落
世界恐慌
1933
ナチス政権成立
1922
ソ連樹立
1922
ムッソリー
首相に

◎はじめに

「歴史が人を作り、人が歴史を作る」とはよくいわれる言葉である。大きな歴史の転換期には必ずといってよいほど魅力的な人物が現れ、新しい時代をつくっていく。それと同時に歴史上の出来事がその人の人生を大きく変えていく背景となっている。歴史を学ぶには、その時代に生きた人々の生涯を辿《たど》るのが最適な方法といえるのではないだろうか。

本書では、**日本と欧米など、離れた地域に生まれた同《おな》い年または最大一〇歳違いまでの同世代の歴史上の人物の生涯を辿ることで、同時期に起こった日本史と世界史の流れを理解できるように試みた。**たとえば、ドイツの宰相《さいしょう》ビスマルクと江戸幕府大老井伊直弼《たいろういいなおすけ》は同じ一八一五年生まれの同い年である。この二人は、それぞれの歴史を眺めるだけでも興味をそそる強い個性を持った政治家であるが、二人が同い年と考えるとドイツ帝国の誕生と日本の幕末維新がほぼ同時期の出来事であるといったことが理解できるのである。

本書の構成は、まず時代区分で五章に分け、各時代の冒頭で日本と世界の大きな歴史の流れを解説している。この中で、本書の中心となる「同い年」や「同世代人」についても紹介しているので、この部分をお読みいただいただけでも、日本と世界で同時期に起こった歴史上の出来事を理解できるようにした。

その後に続くのが本書の中心的な部分であり、歴史を象徴するような同い年、同世代の人物の生涯を二五組紹介している。これによって、単に日本と世界で同時期に起こった出来事を列挙した場合に比べ、はるかに**生き生きとした歴史の流れが理解でき、記憶にも残りやすくなる**だろう。

さらに、これら同い年、同世代人の組み合わせは、他の点でも共通項があったり、二地域間の歴史の相関性が見られたりする人たちを取り上げてあるので、それぞれの人物評のあとにこれに関するまとめの文章を設けることとした。

また、本書も同シリーズである『世界史もわかる日本史』、『同（近現代編）』と同様に、故手塚治虫氏の作品を随所に掲載している。ただし、各人物のイラストに関しては、手塚氏が描いていない人物も多いため、統一して笹森識氏に筆をとっていただき、手塚まんがは時代概説のページを中心に採用させていただくこととした。

本書をきっかけに歴史に関する興味、関心が高まっていただけたならば、幸いである。

福田智弘

◎監修にあたって

本書は、ご好評いただいている『いっきに！ 同時に！ 世界史もわかる日本史』シリーズの第3弾である。

これまでのシリーズでは、同時期の日本史と世界史を比較しながら読み進んでいくという手法をとった。この手法は斬新《ざんしん》だったようで、「これらの本を読んで歴史への理解が深まり、目からウロコの発見をした」という読者の声をいただいた。

そこで今回は、さらにその上をいく斬新な企画を立てた。同時代に活躍した、しかも、ほぼ同年齢の日本史と世界史の偉人を並べ、彼らを比較しつつ、世界史と日本史を同時に理解してもらおうというものだ。おそらくこのような本は、他に類はないはずだ。

たとえば、弥生《やよい》時代の卑弥呼《ひみこ》と三国志で活躍する諸葛孔明《しょかつこうめい》。まことに意外なことだが、改めて並べてみれば、この二人は確かに同時代の人間なのだ。ただ、当時の日本と中国とでは文明に雲泥《うんでい》の差がある。そんな違いに関わらず、あえて二人を並べてみると、これまた意外な事実が見えてくるから、何とも不思議なものである。

また、織田信長とエリザベス一世、真田幸村とヌルハチ、この組み合わせについても、まったく異《こと》なる地域に生まれ、いっさい、接触も間接的な交流もない。しかしながら、驚くほどその思考や生き様《ざま》が似通《にかよ》っているのだ。やはりそれは、同時代性というものが存在する証拠なのかもしれない。

一方、開国して国際社会の一員となった近現代以降の日本は、密接に世界史と関わり、日露戦争以後は、強国として世界をリードしていく存在となった。ゆえに政治家同士、芸術家同士は当然、互いに影響をし合うわけだ。そんな似た者同士だけを並べても面白くない。そこで本書は、伊藤博文とルノワール、松下幸之助とヒトラー、手塚治虫と月面着陸のアームストロング船長など、まったくジャンルの異なる同級生もあえて並べてみた。いったい、この組み合わせにどんな意味があるのか。それは読んでいただいてからのお楽しみとしよう。

日本史と世界史の偉人を並べて歴史を理解しようという本書は、きっと歴史好きのみなさんの知的好奇心を大いに満たしてくれると確信している次第である。

河合　敦

◉早わかり同世代人年表1〜3 ……2　はじめに ……8　監修にあたって ……10

…▶三国時代〜隋、イスラーム帝国 ……21
…▶唐、フランク王国 ……25

諸葛亮《181〜234》
三国時代をつくり上げた天才軍師の実像とは? ……31

ムハンマド《570(?)〜632》
イスラーム教を創始し、巨大帝国をつくり上げる元となった男 ……36

則天武后《624(?)〜705》
権謀術数を使い、権力を手中に収めた恐ろしくも美しき女帝 ……42

李白《701〜762》
「一斗詩百篇」とうたわれた天才詩人 ……48

シャルル二世《823〜877》
壮大なスケールの兄弟喧嘩がフランク王国の分裂を招く ……55

…▶モンゴル帝国 ……61
…▶ルネサンス、モンゴル帝国〜百年戦争、明、大航海時代 ……64

チンギス・ハン《1162(?)〜1227》
モンゴルに生まれ、大帝国を築いた男 ……71

マルコ・ポーロ《1254〜1324》
元に仕えた後、獄中で『東方見聞録』をまとめたイタリア人 ……76

ボッカチオ《1313〜〜1375》
ルネサンスの先駆けとなった文学者 ……83

朱元璋《1328〜1398》
貧農の子から托鉢僧、そして皇帝へと転身した男 ……88

エドワード黒太子《1330〜1376》
英仏百年戦争で活躍したプリンス・オブ・ウェールズ ……90

ヴァスコ・ダ・ガマ《1469(?)〜1524》
インド航路を開拓したポルトガルの航海者 ……97

［第一章］ 「古代の日本」と世界 ……19

VS

その時…
▶弥生時代〜飛鳥時代
▶飛鳥時代〜平安時代

人物伝❶ 卑弥呼《172(?)〜248(?)》
鬼道を駆使し、倭国を治めた女王 ……28

人物伝❷ 聖徳太子《574〜622》
朝廷の基盤を強化し、篤く三宝を敬った伝説の政治家 ……34

人物伝❸ 天智天皇《626〜671》
有力豪族蘇我氏を倒し、朝廷に改革をもたらした帝 ……40

人物伝❹ 聖武天皇《701〜756》
仏教を信じ、国際色豊かな天平文化を花開かせた帝 ……46

人物伝❺ 在原業平《825〜880》
『伊勢物語』のモデルとなった平安初期を代表する風流人 ……52

［第二章］ 「中世の日本」と世界 ……59

VS

その時…
▶平安末期〜鎌倉時代
▶鎌倉幕府の崩壊〜応仁の乱

人物伝❻ 源義経《1159〜1189》
平家滅亡に尽力しながら非業の死を遂げた御曹司 ……68

人物伝❼ 北条時宗《1251〜1284》
日本の危機を救った若き英雄 ……74

人物伝❽ 足利尊氏《1305〜1358》
豪勇・慈悲心・無欲の三徳を備えた征夷大将軍 ……80

人物伝❾ 観阿弥《1333〜1384》
室町時代に能を大成させた父子 ……86

人物伝❿ 足利義尚《1465〜1489》
その生誕が争いを引き起こし、争いの中に没した男 ……94

▶絶対王政、清　……103
▶欧米市民革命　……106

エリザベス一世《1533〜1603》
宗教改革の嵐の中で政治体制の確立に努めた女王　……113

ヌルハチ《1559〜1626》
大清帝国繁栄の礎を築いた男　……119

クロムウェル《1599〜1658》
ピューリタン革命を指導した護国卿　……124

マリー・アントワネット《1755〜1793》
世紀の政略結婚が生んだ悲劇のフランス王妃　……131

モンロー《1758〜1831》
モンロー主義としてその名を残した第五代大統領　……133

ナポレオン《1769〜1821》
「不可能の文字はない」〜歴史をつくり変えた英雄　……138

▶南北戦争、ドイツ帝国誕生、アメリカの発展　……145
▶文化、科学技術の発展　……149

リンカーン《1809〜1865》
アメリカ南北戦争を戦い抜いた大統領　……154

ビスマルク《1815〜1898》
ドイツ帝国をつくり上げた鉄血宰相　……161

カーネギー《1835〜1919》
「鉄鋼王」と呼ばれた男　……167

ルノワール《1841〜1919》
日本の文化に影響を受けた印象派の画家　……172

ライト兄弟(兄・ウィルバー)《1867〜1912》
大空を鳥のように飛ぶ夢を叶えた男たち　……178

[第三章]　「近世の日本」と世界 ……101

VS

その時…
▶戦国時代〜江戸時代
▶江戸時代

人物伝⓫ **織田信長**《1534〜1582》
天下統一にあと一歩と迫った戦国の覇王 ……110

人物伝⓬ **真田幸村**《1567〜1615》
戦国の世を駆け抜けた日本一の兵 ……116

人物伝⓭ **徳川家光**《1604〜1651》
徳川二六〇余年の基礎をつくった将軍 ……122

人物伝⓮ **松平定信**《1758〜1829》
幕政改革を行なった聡明な老中首座 ……128

人物伝⓯ **滝沢馬琴**《1767〜1848》
江戸のベストセラー『八犬伝』を著した男 ……136

[第四章]　「幕末維新の日本」と世界 ……143

VS

その時…
▶幕末
▶明治維新、文明開化

人物伝⓰ **島津斉彬**《1809〜1858》
混迷の幕末に賢主といわれた男 ……152

人物伝⓱ **井伊直弼**《1815〜1860》
日本を開国に向かわせた凄腕の政治家 ……158

人物伝⓲ **坂本龍馬**《1835〜1867》
日本に「夜明け」をもたらした男 ……164

人物伝⓳ **伊藤博文**《1841〜1909》
欧化政策で近代日本をつくり上げた男 ……170

人物伝⓴ **豊田佐吉**《1867〜1930》
取得特許は八四！ 日本の発明王 ……176

◂3章 人物伝
◂4章 人物伝

▶ロシア革命、第一次世界大戦　……185

▶第二次世界大戦、冷戦　……187

レーニン《1870〜1924》
ロマノフ朝の専制政治を終わらせた革命家　……194

モディリアーニ《1884〜1920》
酒と麻薬におぼれたモンパルナスの貴公子　……201

ヒトラー《1889〜1945》
世界中を混乱に陥れたドイツ総統　……207

ヘミングウェイ《1899〜1961》
アメリカ文学に新しい風を吹き込んだ作家　……213

ニール・アームストロング《1930〜2012》
人類史上に残る大きな一歩をしるした男　……219

最も優れた人類とは
われわれゲルマン民族
なのだ！

［第五章］ 「近現代の日本」と世界 ……183

VS

その時…
▶日清・日露戦争、大正時代
▶太平洋戦争、戦後復興

人物伝㉑ 秋山真之《1868〜1918》
坂の上の雲を追いかけた天才軍人 ……192

人物伝㉒ 竹久夢二《1884〜1934》
異性との出会いから名画を生んだ画家 ……198

人物伝㉓ 松下幸之助《1894〜1989》
丁稚奉公から始めた経済人 ……204

人物伝㉔ 川端康成《1899〜1972》
文学に身を捧げた日本の文豪 ……210

人物伝㉕ 手塚治虫《1928〜1989》
クールジャパンの先駆けとなった男 ……216

COLUMN-01 まだまだいるゾ！同世代人！ …〈古代編〉 ……58

COLUMN-02 まだまだいるゾ！同い年＆同世代人！ …〈中世編〉 ……100

COLUMN-03 まだまだいるゾ！同い年＆同世代人！ …〈近世編〉 ……142

COLUMN-04 まだまだいるゾ！同い年＆同世代人！ …〈幕末維新編〉 ……182

COLUMN-05 まだまだいるゾ！同い年！ …〈近現代編〉 ……222

◀5章
人物伝

日本史

装幀▶杉本欣右
装画・まんが▶手塚治虫（©手塚プロダクション）
イラスト・年表▶笹森 識
本文デザイン・DTP▶サッシイ・ファム

【年号表記等について】

本書では、世界史と日本史の時期を比較しやすいように、年号は西暦で統一することとした。なお、一八七二年以前の日本では旧暦が採用されていたのだが、本書でも当時の年月は旧暦のままを記載するものとし、西暦への換算はしないこととした。これは、月日が不明の出来事等は西暦に換算できないために統一の必要があることと、教科書等の記述が基本的に西暦に換算していないためである。たとえば、「王政復古《おうせいふっこ》の大号令《だいごうれい》」は西暦に換算すると、一八六八年一月三日となるのだが、教科書等と合わせ、一八六七年十二月九日の出来事として表記することとした。

また、各項のタイトルのところに記載してある人物の生没年に関しては、異説がある場合には、代表的と思われる説を載せるとともに「?」(疑問符)をつけ、できる限り本文等で付言することとした。人物の年齢については、原則として満年齢を採用している。ただし、誕生日が不明で、満年齢が計算できない人物も多いため、統一して誕生日に関わらず、その年に迎える満年齢を記載するものとした。

最後にすべての人名は原則、敬称を略させていただいている。ご了承いただきたい。

［第一章］「古代の日本」と世界

日本　弥生時代～平安時代

世界　三国時代・イスラーム帝国～唐・フランク王国

PROFILING-01
▶卑弥呼 vs 諸葛亮（孔明）
PROFILING-02
▶聖徳太子 vs ムハンマド
PROFILING-03
▶天智天皇 vs 則天武后
PROFILING-04
▶聖武天皇 vs 李白
PROFILING-05
▶在原業平 vs シャルル二世

『火の鳥 黎明編』より

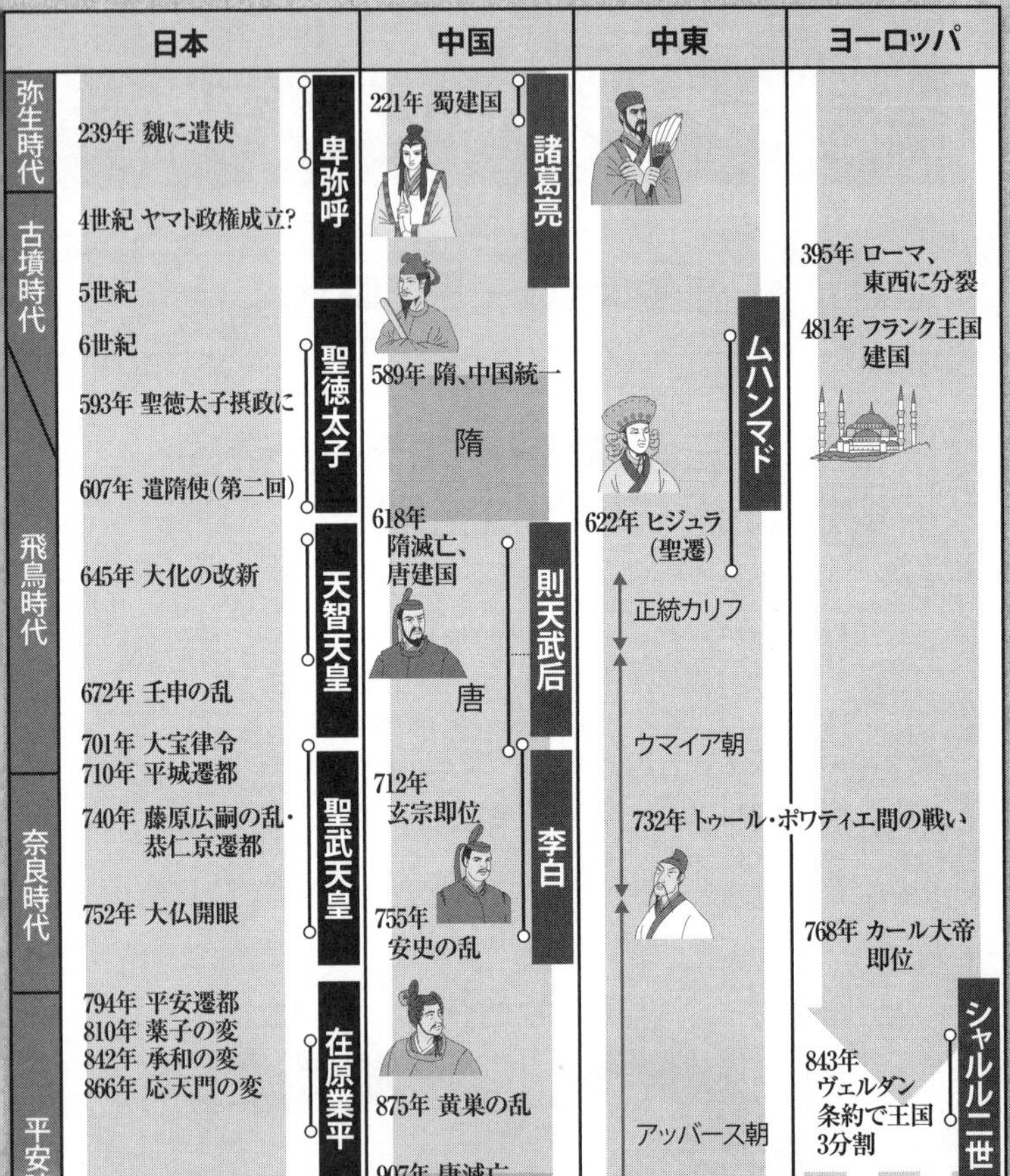
日本
中国
中東
ヨーロッパ
弥生時代
古墳時代
飛鳥時代
奈良時代
平安時代
239年 魏に遣使
4世紀 ヤマト政権成立?
5世紀
6世紀
593年 聖徳太子摂政に
607年 遣隋使(第二回)
645年 大化の改新
672年 壬申の乱
701年 大宝律令
710年 平城遷都
740年 藤原広嗣の乱・恭仁京遷都
752年 大仏開眼
794年 平安遷都
810年 薬子の変
842年 承和の変
866年 応天門の変
969年 安和の変
1017年 藤原道長太政大臣に
卑弥呼
聖徳太子
天智天皇
聖武天皇
在原業平
221年 蜀建国
諸葛亮
589年 隋、中国統一
隋
618年 隋滅亡、唐建国
則天武后
唐
712年 玄宗即位
李白
755年 安史の乱
875年 黄巣の乱
907年 唐滅亡
五代十国
960年 宋建国
宋
ムハンマド
622年 ヒジュラ(聖遷)
正統カリフ
ウマイア朝
732年 トゥール・ポワティエ間の戦い
アッバース朝
395年 ローマ、東西に分裂
481年 フランク王国建国
768年 カール大帝即位
シャルル二世
843年 ヴェルダン条約で王国3分割
西フランク(フランス)
イタリア
東フランク(ドイツ)

その時…

日本 弥生時代▼飛鳥時代

世界 三国時代▼隋、イスラーム帝国

悠久《ゆうきゅう》なる時の流れの中で、人類は進化を遂げ、さまざまな文明を作り上げていった。最初の文明は、北アフリカのエジプト文明、中東のメソポタミア文明、南アジアのインダス文明、そして東アジアの黄河《こうが》文明で、それぞれ四つの大河流域の地域から生まれた。その一つである黄河文明から中国は発達し、殷《いん》、周《しゅう》、秦《しん》などの王朝が興亡を繰り返した。紀元前二〇二年に起きた漢王朝は、約四百年もの長きにわたり中国大陸に君臨する王朝となる。現在でも「漢字」、「漢文」など、中国を意味する言葉の中にその名を残すほどの影響をわが国にも残している。

この漢王朝の歴史書の中に、太古《たいこ》の時代の日本の姿が記されている。紀元前後の日

エジプトなど、四つの地域で最初の文明が栄えた
(『火の鳥ギリシャ・ローマ編』より)

日本では旧石器時代の後、土偶《どぐう》などを作った縄文《じょうもん》文化が起こった（『火の鳥ヤマト編』より）

本は、いくつもの小国に分かれ、時折、貢物《みつぎもの》を持って、漢王朝の植民地、楽浪郡《らくろうぐん》（朝鮮北部）を訪れた。しかし、二世紀も末頃になると、漢の治世にもほころびが見え始める。各地で反乱がおこる中、有力武将が力をつけ、群雄割拠《ぐんゆうかっきょ》の様相《ようそう》を呈《てい》し始めるのである。そんな中、劉備《りゅうび》の軍師、**諸葛亮**《しょかつりょう》**（孔明《こうめい》）**は「天下三分《てんかさんぶん》の計《けい》」を説く。中国大陸は、諸葛亮の策略通り、曹操《そうそう》の魏《ぎ》、劉備の蜀《しょく》、孫権《そんけん》の呉《ご》の三国が分立する三国時代へと突入するのである。

諸葛亮がその才覚を発揮し、蜀の国の発展に尽くしていた頃、ライバルである魏の国に、遣《つか》いを送った人物がいた。邪馬台国《やまたいこく》（倭国《わこく》）の女王、**卑弥呼**《ひみこ》である。かつて、たくさんの小国に分かれ争っていた日本でも、連合国家をつくる動きが生まれた。そして、その王として共立されたのが卑弥呼である。その連合国家は、規模や所在地など、まだまだ不明な点が多いものの、かなり大規模な勢力を持っていたようである。その女王として、卑弥呼の名は日本古代史に深く刻まれることとなった。

その後、しばらくの間、中国の歴史書などに、日本の姿が描かれることは少なくなる。しかし、三世紀後半頃から、近畿など、西日本で巨大な墳丘《ふんきゅう》を持つ古墳《こふん》が築かれ始めることから、日本にも強大な権力を持つ王が生まれていたことが推測できる。近畿地方を中心として勢力を広げていったこの政権は、後に「ヤマト政権」と呼ばれるようになる。政権は徐々に支配体制を整え、大王《おおきみ》（天皇）を中心とした政治体制（朝廷《ちょうてい》）をつくり上げていくのである。

この政権において六世紀の終わりに天皇を補佐する摂政《せっしょう》となり、蘇我《そが》氏などの豪族と連携しながら、大和朝廷の支配体制の確立に尽力したのが、**聖徳太子**《しょうとくたいし》**（厩戸王）**《うまやと》である。彼は女帝推古を補佐して仏教を深く信仰し、「十七条憲法」、「冠位十二階《かんいじゅうにかい》」などの制度を定め、六世紀末頃に中国を統一した隋《ずい》の国へ使節を送る「遣隋使《けんずいし》」なども実施し、国力の充

卑弥呼はシャーマンだったといわれている
（『火の鳥黎明編』より）

初代天皇とされる神武《じんむ》天皇（『火の鳥黎明編』より）

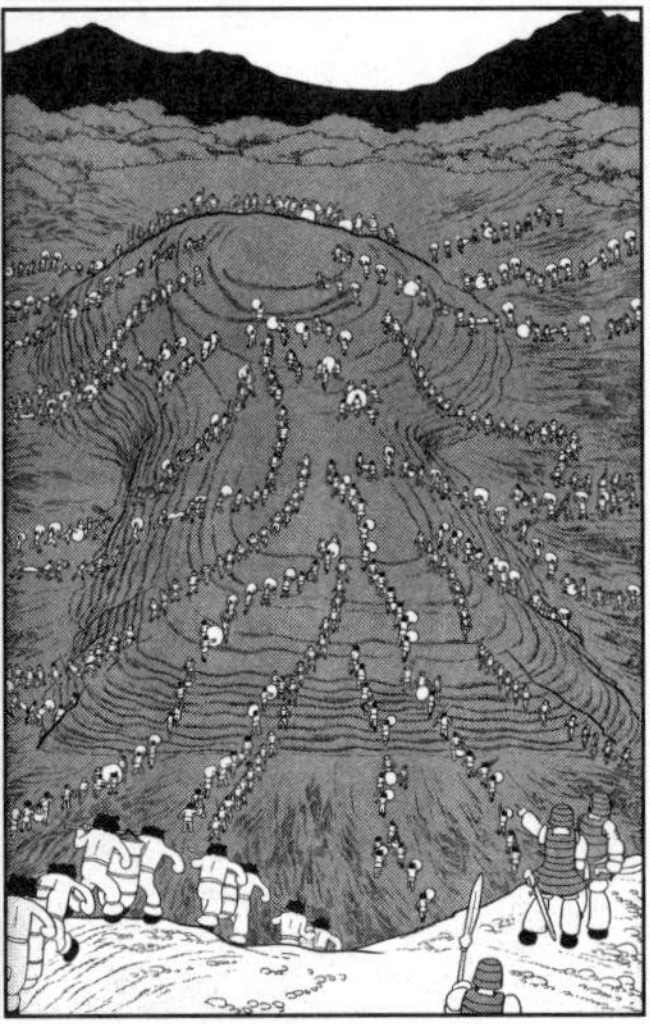

巨大な古墳は大王《おおきみ》（天皇）の権力の象徴である（『火の鳥ヤマト編』より）

実に努めたとされる。ただ、近年、その功績は疑問視されている。

その頃、中東、アラビア半島の地であらたな動きが起こっていた。メッカにあった**ムハンマド**が、唯一神アッラーの啓示《けいじ》を受け、預言者《よげんしゃ》としてイスラーム教を創始。ムハンマドおよびその後継者（カリフ）は、イスラーム世界の拡大を目指し、支配領域を広げていったのである。

一方、西欧地域では、紀元前から大勢力を築いていたローマ帝国が、四世紀末に東西に分裂。さらに、ゲルマン民族の大移動などにより西ローマ帝国は弱体化し、四七六年に滅亡する。やがてこの地では、ゲルマン民族の国、フランク王国が勢力を誇るようになる。そして八世紀になると、イスラーム教の国ウマイヤ朝が、その勢力を広げ、ヨーロッパまでを支配地域とするようになり、フランク王国と争うようになるのである。七三二年、ウマイヤ朝とフランク王国は、トゥール・ポワティエ間で戦闘を起こす。戦いはフランク王国側の勝利に終わり、イスラーム勢力の西欧進出は、イベリア半島までとなった。

ローマ帝国 (?) のイメージ図
(『火の鳥ギリシャ・ローマ編』より)

その時…
日本　飛鳥時代▼平安時代
世界　唐、フランク王国

日本では聖徳太子の没後、蘇我氏の勢力が強まっていた。それを危惧《きぐ》した中大兄皇子《なかのおおえのみこ》（のちの**天智**《てんじ》**天皇**）と中臣鎌足《なかとみのかまたり》は、政変を起こし、蘇我氏宗家を滅亡させる。皇子は、これを契機に政治改革に取り組み、天皇を中心とした体制の強化にいそしんだ。日本がモデルとしたのは、隋の後にできた中国王朝、唐《とう》である。この時期の唐では、中国唯一の女帝**則天武后**《そくてんぶこう》が即位。これまでにない施策等が行なわれ、国の統治に動揺が見られた時代でもあった。

やがて日本では、奈良に都（平城京）が遷《うつ》され、奈良時代が始まる。この時代を代表する帝といえば、**聖武《しょうむ》天皇**の名が挙げられよう。聖武天皇は、国分寺を建立したり、奈良に大仏（東大寺）を建造するなど、深く仏教に帰依《きえ》した帝でもあった。聖武天皇の時代も、引き続き遣唐使等によって、すぐれた唐の文化が吸収されていた。この唐の文化を彩《いろど》った一人に挙げられるのが、詩仙《しせん》と評された**李白《りはく》**である。酒を友とし、漂泊《ひょうはく》の人生を歩んだ李白は、聖武天皇と同じ七〇一年に生をうけている。

大陸の文化を吸収するために、たびたび派遣された遣唐使船（『火の鳥鳳凰編』より）

七九四年、平安京への遷都《せんと》が行なわれ、日本は長い平安時代に入る。平安時代を代表する人物の一人に**在原業平《ありわらのなりひら》**がいる。親王の子として生まれた彼は六歌仙《ろっかせん》の一人に数えられる歌詠《よ》みでもある。恋と風流に生きた業平という貴族をモデルとした『伊勢物語』は、後の世にも広く読まれていく。
一方、ヨーロッパに大勢力を誇ったフランク王国は、東フランク（ドイツ）、西フランク（フランス）、そしてイタリアの三つの国に分かれていく。分裂の際、西フランクの王として即位するのが**シャルル二世**である。このシャルル二世と在原業平は、わずか二歳違いの同世代人なのである。

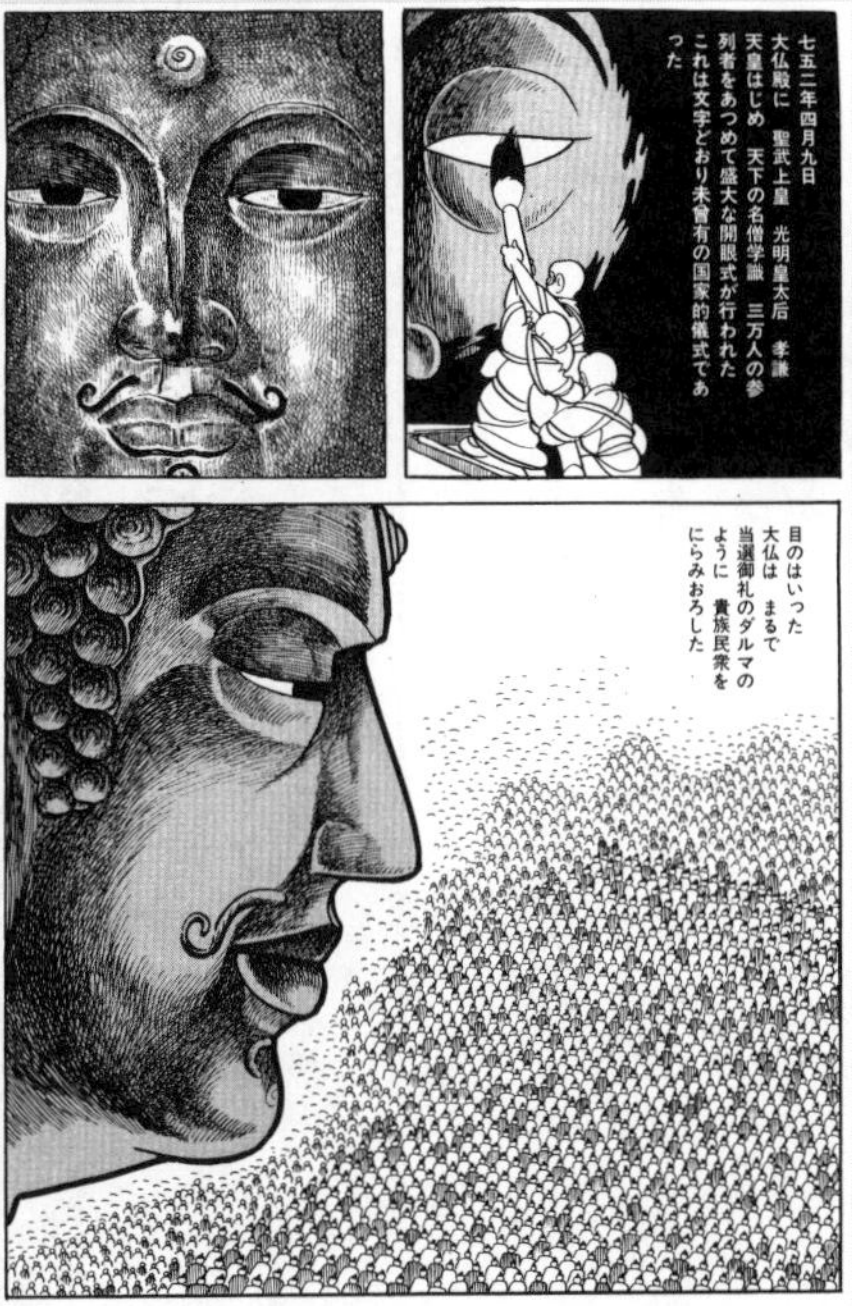
七五二年四月九日
大仏殿に　聖武上皇　光明皇太后　孝謙天皇はじめ　天下の名僧学識　三万人の参列者をあつめて盛大な開眼式が行われた
これは文字どおり未曾有の国家的儀式であった
目のはいった大仏は　まるで当選御礼のダルマのように　貴族民衆をにらみおろした

（上）大仏建立は奈良時代の大事業だった（『火の鳥鳳凰編』より）（下）雅《みやび》な平安時代（『火の鳥乱世編』より）

邪馬台国の女王と三国志を彩った天才軍師

❖……卑弥呼《ひみこ》【一七二(?)～二四八(?)】

VS

❖……諸葛亮《しょかつりょう》（孔明《こうめい》）【一八一～二三四】

卑弥呼▼鬼道を駆使し、倭国を治めた女王

今から一万年くらい前まで日本は大陸と陸続きで、多くの獣たちとともに人類も大陸から移住してきた。やがて、氷期が終わり、温暖化で日本列島が大陸から切り離された頃、日本では縄文《じょうもん》土器《どき》や土偶《どぐう》などに代表される縄文文化が始まる。縄文晩期に、大陸から稲作文化が伝えられると、人々の生活にも変化が生じ、弥生《やよい》時代が始まる。稲作は一人では行なうのが困難だ。また農業生産が増えるにつれ、大規模な灌漑《かんがい》設備、治水《ちすい》が必要となる。そのために、人々は集団をつくり、共同作業を行なうようになる。こうしてムラが生まれ、

クニに発展していった。中国の歴史書によれば、今から二千年ほど前の日本（倭国《わこく》）は、百余国の国々に分かれていたという。

二世紀半《なか》ば頃、日本では大乱の時代が続いていた。この事態を終わらせるため、人々は、共通の王として、一人の女性をいただくことで乱を収束に導いた。この女性こそが、卑弥《ひみ》呼《こ》なのである。

彼女は、普段は姿を見せることなく、「鬼道《きどう》」（呪術《じゅじゅつ》）を駆使し、よく国を治めた。また、二三九年には、遣いを中国の魏の国に送り、「親魏倭王《しんぎわおう》」の称号を得ることにも成功している。

卑弥呼の生没年はわからない。しかし、没年に関しては、最後に遣使した二四七年か、遅くともその一、二年後であろうといわれている。生年に関しては諸説あるのだが、天理大学名誉教授の金関恕《かなせきひろし》氏によれば、大乱の後、卑弥呼が共立されたのは一八四～五年頃とも推測でき、卑弥呼の没後、しばらくして女王となった壱与《いよ》が十三歳で王となっていることから、共立時の卑弥呼も同年代と考えると、生年は一七二年頃という推測も可能であるという。この仮説に従えば、魏の国に遣いを送った時は、満年齢で六七歳、死去したのが七五～七歳になる。『魏志倭人伝《ぎしわじんでん》』には卑弥呼の年齢について「年已《すで》に長大《ちょうだい》」という記述

わらわは このヤマタイ国の 女王ヒミコです いつまでも若く いつまでも美しく いられる権利が あるはずよ
そんなこと いったって むりですな

『火の鳥黎明編』の中では、卑弥呼は永遠の命を手に入れることに情熱を燃やしていた

もあるから、ある程度は納得できる説といえるだろう。

女王の都があったという邪馬台国がどこなのか？　その所在地については、いまだに論争が尽きず、確定されていない。有力なのは九州北部と畿内《きない》であるが、最終的な結論は出ていないのである。この所在地論争が重要な意味を持つのは、卑弥呼の没後、しばらくして誕生する「ヤマト政権」の成り立ちに関わりがあるからである。もし、邪馬台国が畿内にあったのならば、邪馬台国が「ヤマト政権（後の『朝廷』）」へと発展したという可能性が高くなる。逆に九州など、他地域に邪馬台国があったのであれば、邪馬台国は、ヤマト政権に滅ぼされたという可能性も強くなる。もちろん、その他に九州にあった邪馬台国が徐々に東遷《とうせん》し、畿内に政権を確立したという「邪馬台国東遷説」などもある。

邪馬台国がどこにあったのか？ 邪馬台国とヤマト政権の関係は？ 興味は尽きないが、現在のところ決着はついていない。しかし、日本のどこかに、女王卑弥呼が治めた邪馬台国があり、それからしばらくして畿内にヤマト政権が生まれたというのは間違いない。それ以上のことは、これからの研究の進展を待ちたい。

諸葛亮▼三国時代をつくり上げた天才軍師の実像とは？

日本の弥生時代に当たる紀元前二〇二年から紀元後二二〇の間、中国大陸に君臨していたのが、漢王朝である。しかし、二世紀末には反乱が続発し、有力武将が覇権を競う時代となっていた。その中で台頭してきたのが、華北に勢力を持つ魏《ぎ》の曹操《そうそう》、南東部を手中にした呉《ご》の孫権《そんけん》、そして、それらに対抗して南西の内陸部を拠点とした蜀《しょく》の劉備《りゅうび》である。この劉備に仕《つか》え、政治家として、軍師として卓抜した力を発揮したのが、諸葛亮（孔明）である。

強敵、曹操らとの争いに勝つために、有能な人材を探していた劉備は、諸葛亮の噂を聞くと三顧《さんこ》の礼《れい》をとって、彼を配下に迎え入れた。劉備の忠臣《ちゅうしん》となった諸葛亮は、呉と連携

して、曹操を赤壁《せきへき》の戦いで破る。また、劉備が蜀を建国すると宰相《さいしょう》となり、軍事、外交、内政とすべての面で超人的な働きをする。戦《いくさ》においては、時に風雨をも操る鬼神のような活躍ぶりを見せたという。劉備の死後も、その子劉禅《りゅうぜん》を補佐し、度重《たびかさ》なる北伐《ほくばつ》で魏の人々を恐れさせるが、志半《こころざしなか》ばに病没してしまう。彼の死後、蜀は魏の攻撃により、滅亡の憂き目に遭うのである。

やがて、魏の国から出た司馬炎《しばえん》が中国を統一し晋《しん》を建国するが、この国も半世紀ほどして滅亡。その後、中国では二百数十年の長きにわたり混乱の時代が続き、統一王朝は六世紀末の隋《ずい》の建国まで待つことになる。

以上が三国時代と諸葛亮の活躍の概略であるが、近年、諸葛亮の超人的なイメージは見直さねばならない、といった説が有力になってきた。文人として、あるいは政治家としての手腕には、相変わらず定評があるものの、軍師としては、何度も戦を仕掛けておきながら何の成果も得られていない、といった厳しい批評が当時もあったようである。ましてや風雨を操る鬼神のような働きが、後世の脚色《きゃくしょく》であることはあきらかであろう。

しかし、内政に関してはすぐれた能力を示したとして評価は高い。人徳も備わった人物だったのだろうという推測もできる。それゆえに、実力以上の脚色が後世になってなされてしまったというのが、実際のところのようなのである。

▼神がかり的な手腕で国を治めた同世代人

大乱の世を終わらせ、鬼道を駆使し、邪馬台国連合を率いた卑弥呼。巧みな知謀を発揮して蜀を大国へと発展させた諸葛亮。卑弥呼の生年があきらかでないため、明確な年齢差は不明であるが、同世代を生きぬいた人物であるのは間違いない。

卑弥呼の没後、邪馬台国では、男王が君臨したのだが、再び世は乱れることになったという。諸葛亮の没後の蜀もまた、宿敵魏によって滅ぼされている。二人の統治者の能力はやはり卓越したものであったと推測できよう。だからこそ、後世の人々は、二人の姿に神がかり的なものをイメージするようになったともいえるのだ。

ちなみに、当時の西欧社会は、引き続き紀元前よりローマ帝国による統治が続いていた。ただ、皇帝の暗殺なども続き、支配体制に乱れが見え始めていた時期に当たっている。

十七条憲法を作った皇子とイスラム教創始者

聖徳太子《しょうとくたいし》
【五七四〜六二二】

VS

ムハンマド
【五七〇(?)〜六三二】

聖徳太子▼朝廷の基盤を強化し、篤《あつ》く三宝を敬《うやま》った伝説の政治家

五九三年、日本初の女帝といわれる推古《すいこ》天皇は、一人の皇子を摂政《せっしょう》とする。聖徳太子《しょうとくたいし》である。本名を厩戸豊聡耳皇子《うまやとのとよとみみのみこ》という。この名前の「厩戸」から、厩《うまや》で生まれたという伝説が生まれ、「豊聡耳」から同時に一〇人の言うことを聞き分けたという伝説が生まれたともいわれている。

推古が即位する前、朝廷では蘇我《そが》氏と物部《もののべ》氏の勢力争いが起こっていた。若き頃の聖徳太子は蘇我馬子《そがのうまこ》の軍に従軍し、物部守屋《もののべのもりや》の討伐に参加したとされる。この戦にあたって、馬子と太子は「勝利をもたらしてくれれば、寺院を建立する」と四天王に誓いを立てた。結果、無事に勝利を得られたことから四天王寺《してんのうじ》が建立されたのだともいわれている。

この伝説にも示されているように聖徳太子は蘇我馬子らとともに仏教を篤く敬った人物としても非常に有名であり、太子がつくったとされる十七条憲法にも「篤く三宝《さんぽう》（仏、法、僧）を敬え」という一文がある。そのせいもあり、死後は聖人化され、さまざまな伝説が広まるようになる。近年では、あまりの聖人ぶりから、すべての聖徳太子の業績は虚構であるとする「聖徳太子不在説」までささやかれているのだが、推古天皇を補佐した厩戸皇子という存在まで否定するのは少数派である。ただし、『日本書紀』に書かれたその偉業等については、かなり割り引いて考えるべきであるというのが定説になりつつある。

聖徳太子は、十七条憲法を制定したことでも知られている。その条文は有名な「和《やわらぎ》をもって貴《たっと》しとなし、さかうることなきを宗《むね》とせよ」で始まっており、みんなで議論を重ねることを尊重している。この一文は、実は台頭著《いちじる》しい蘇我氏を念頭に置いたもので、蘇我氏の独断専行を抑え、天皇を中心として和をもって議論を重ねていく政治を主張したのだという説もある。だとすれば、この時の太子の不安は、後に現実のものとなることになる。

太子の活躍していた頃、隋《ずい》が中国を統一している。久しぶりの統一国家である。この隋の二代皇帝煬帝《ようだい》に、大和朝廷は親書を送ったことでも知られている。特に六〇七年に送った文書には「日出《い》づる処《ところ》の天子、書を日没《ぼっ》する処の天子に致《いた》す。恙無《つつがな》きや。」と記されており、煬帝は激しく怒ったといわれている。ただし、煬帝は「日出づる」、「日没する」という記述に怒ったのではなく、本来は天下に一人しかいないはずの「天子」という言葉を、日本、中国それぞれの為政者《いせいしゃ》に対して使ったことに激怒したのだという。この件は、中国側の文書『隋書《ずいしょ》』に記載されたものであり、日本の正史である『日本書紀《にほんしょき》』には、この時の遣隋使については単に「小野臣妹子《おののおみいもこ》を大唐《もろこし》に遣《つか》はす。」とだけ淡々と書かれている。

このように大和朝廷の政策において、さまざまな功績を遺《のこ》した聖徳太子にも、やがて死が訪れる。六二二年、聖徳太子は斑鳩宮《いかるがのみや》にて惜しまれつつ没した。『日本書紀』によれば、日本国中の身分の高い人も低い人も太子の死を嘆き悲しみ、口々にこう言ったという。「日月輝《ひつきひかり》を失いて、天地《あめつち》既に崩れぬ。今より以降《のち》、誰をか恃《たの》まむ。」

ムハンマド▼イスラーム教を創始し、巨大帝国をつくり上げる元となった男

日本で聖徳太子が生をうけた六世紀の頃、ローマ帝国が分裂してできた東ローマ帝国（ビザンツ帝国）とササン朝ペルシアが、アラビア半島の北方の地で激しく抗争を続けるよう

になる。これによりペルシアからヨーロッパへと至る陸路の東西交易ルートは利用が困難になり、代わって発展したのが、紅海から地中海へと抜ける海路を利用したルートである。このため、そのルートの途上にあるメッカやメディナといった地域は商業都市として発展するようになる。

五七〇年頃、メッカの商家に、後に世界の歴史を変える人物が生をうける。ムハンマド（マホメット）である。彼は生前に父を失い、母も幼い頃に亡くしており、孤児として前半生を過ごしている。成人し、商人として活動していた四〇歳を迎えた頃、突然に神の啓示を受けたという。「汝《なんじ》は神の使徒《しと》である」と告げる大天使ジブリール（ガブリエル）の姿が見えたとされている。彼は没年まで、唯一神アッラーの啓示を受け続け、その内容が『コーラン』にまとめられていく。

ムハンマドは、当初メッカにおいて神の啓示を伝えていくが、メッカの商人たちから迫害を受けるようになる。そこでムハンマドと信徒たちは六二二年、メッカの町を離れ、メディナへ移動する。これを聖遷（ヒジュラ）といい、この年はイスラーム暦紀元元年

とされている。

メディナの人々はムハンマドたちに好意的であり、この地で布教は進む。やがて、小さな争いからメッカとメディナの間で大規模な軍隊を派遣した戦争が始まり、六三〇年ムハンマドはメッカを征服する。メッカに戻ったムハンマドは、自分に迫害を与えたこの地の人々を寛大に扱い、またメッカをイスラーム教の聖地と定めた。

しかし、念願のメッカに戻ったわずか二年後、ムハンマドはその生涯を終えている。その頃にはアラビア半島の多くの地がイスラームの支配下となっていた。ムハンマドの跡を継いだ正統カリフの時代には、ササン朝ペルシアを滅ぼし、シリア、エジプトまでを支配下に置くようになる。その跡を継いだウマイヤ朝は西方へと領土を広げ、イベリア半島(現在のスペインやポルトガルのある半島)にまで進出する。しかし、トゥール・ポワティエ間の戦いでフランク王国に敗れたため、ヨーロッパへの進出はイベリア半島で止まることとなる。

その後、ウマイヤ朝の政策が『コーラン』の教えに背《そむ》くという批判が出され、ウマイヤ朝に代わって七五〇年アッバース朝が建国される。このアッバース朝は巨大な領土を持ち、またイスラームの理念にあった王国とみなされるようになったため、「イスラーム帝国」

とも称されるようになる。十三世紀まで続くこの王国では高度な文明も生まれ、美術の分野では細密画《ミニアチュール》やアラベスク文様が発達し、文学では『アラビアン・ナイト』に代表されるような説話文学が普及していく。一方、アッバース朝に取って代われた、かつてのウマイヤ朝の一族は、イベリア半島に逃亡し、「後《こう》ウマイヤ朝」を建てることになる。

▼日本に仏教を、世界にイスラーム教を定着させた二人の同世代人

聖徳太子（厩戸王）が日本で仏教を広め、政治基盤の確立に努めていた頃、遠く中東ではムハンマドがイスラーム教を起こし、イスラーム大帝国の建設が始まろうとしていた。ムハンマドの生年は確定されていないが、二人が同世代人であることは間違いない。ムハンマドがメディナの地へ聖遷《せいせん》を果たしたイスラーム元年（六二二年）は聖徳太子の没年に当たっている。

ともに死後も多くの人に敬われ、日本史上、そして世界史上に大きな足跡を遺した偉人であったといってよいであろう。

PROFILING-03

大化の改新を行なった帝と中国史上最初で最後の女帝

天智天皇《てんじ》

❖……【六二六～六七二】

VS

則天武后《そくてんぶこう》

❖……【六二四(?)～七〇五】

天智天皇 ▼有力豪族蘇我氏を倒し、朝廷に改革をもたらした帝

中大兄皇子《なかのおおえのみこ》（後の天智《てんじ》天皇）が、蹴鞠《けまり》をしていた時のこと、皇子が鞠を蹴ると、その拍子に靴が脱げて飛んでいってしまった。その時、有力豪族の蘇我入鹿《そがのいるか》は、皇子の姿を嘲《あざけ》り、その靴を蹴り飛ばしてしまったうえに、悪びれる様子すらなかった。しかし、同じ蹴鞠の輪に加わっていた中臣鎌足《なかとみのかまたり》が、急いで靴を取ってきて皇子に履《は》かせたのである。この頃から中大兄皇子は中臣鎌足と親密になり、蘇我入鹿を憎み始めたという。『今昔物語集《こんじゃくものがたりしゅう》』に見られる説話《エピソード》であり、類話は『日本書紀』にもある。

この説話自体の信憑性《しんぴょうせい》は薄いと思われるのだが、当時は、聖徳太子とともに活躍した豪族蘇我馬子の息子蘇我蝦夷《えみし》とその息子である入鹿《いるか》父子が、帝を凌駕《りょうが》するほどの権力を振るい、専制の色を強めていた。『日本書紀』には、蘇我蝦夷が大規模な工事を行ない、自分と入鹿の墓を作り、大陵《おおみささぎ》と小陵《こみささぎ》と名づけたことに腹を立てた聖徳太子の娘が「天に二つの日無く、国に二人の王無し。（皇族でもない）蘇我蝦夷が、なにゆえに意のままに民を使《し》役《えき》するのか」と嘆いたという言葉も記載されている。

六四五年、中大兄皇子は中臣鎌足らと力を合わせて蘇我入鹿を討ち、蝦夷も自害に追い込む。その後は、孝徳《こうとく》天皇が即位し、中大兄皇子は皇太子、中臣鎌足は内臣《うちつおみ》となり、大化《たいか》の改新《かいしん》と呼ばれる政治改革を始めるのである。初めて年号を定め「大化《たいか》」とし、翌年の正月には「改新《かいしん》の詔《みことのり》」を宣布。公地公民制を打ち出し、班田収授《はんでんしゅうじゅ》の法を施行するなど、着実に改革を進めていったとされる。ただ、『日本書紀』に描かれているこのような大改革が、この時点でどれほど実現されたのかについては懐疑的な見方も多い。しかし、改革の方向性を示し、それに向かって動き始めたというのは、確かであろう。

六六八年、中大兄皇子は即位して天智天皇となるが、その翌年、ともに改革を進めてきた中臣鎌足が重い病気にかかる。天智天皇はこれを見舞い、「大織冠《たいしょくかん》」という最高位と「藤

もう冬が来るか……
……
予の命も来年までは持つまい………
病床にある天智天皇（『火の鳥太陽編』より）

原」姓を贈る。しかし、その翌日、藤原鎌足《ふじわらのかまたり》となり、藤原氏の祖先となった男はこの世を去った。天智天皇は大いに嘆き悲しんだという。

その後も天智天皇は、庚午年籍《こうごねんじゃく》（日本初の完備した全国的な戸籍）の作成などの改革を進めたが、鎌足が亡くなった二年後に崩御《ほうぎょ》してしまう。

偉大なる帝の死後は、皇子である大友皇子《おおとものおうじ》と弟の大海人皇《おおあまのみ》子《こ》による争い（壬申《じんしん》の乱）が起こる。勝利を収めた大海人皇子は、即位し天武《てんむ》天皇となり、飛鳥浄御原令《あすかきよみはらりょう》や八色《やくさ》の姓《かばね》を定めるなどの改革に着手し、天皇を中心とした政治体制を強化するのである。

則天武后▼権謀術数を使い、権力を手中に収めた恐ろしくも美しき女帝

二七〇余年ぶりに中国を統一した隋は、わずか四〇年足らずで滅び、隋を倒した李淵《りえん》が代わって唐《とう》を建国。その子の二代皇帝李世民《りせいみん》（太宗《たいそう》）の時代に中国統一が果たされている。

その太宗の後宮《こうきゅう》に、美貌でその名を知られた若き女性がいた。名を武照《ぶしょう》という。彼女は

満十三歳の年から後宮に入っていたが、二五歳の年に太宗が亡くなり、寺に入って尼となった。しかし、彼女の美しさは次の皇帝高宗《こうそう》に見出され、再び後宮に入るようになる。高宗は、父の妃《きさき》を自分の愛人にしてしまったわけである。

後宮に入った武照には后の下の位に当たる「昭儀《しょうぎ》」の地位が与えられ、「武昭儀」と呼ばれるようになる。この武照儀こそ、後の則天武后《そくてんぶこう》（武則天《ぶそくてん》）である。二人の皇帝に仕え、美しさに磨きをかけた彼女は、高宗の寵愛をほしいままにし、あらゆる手段を使って権力の階段を上っていく。まず、彼女は生まれたばかりの自分の子を殺害し、それを子宝《こだから》に恵まれていなかった皇后の仕業《しわざ》と触れ回るといった非常手段を使い、皇后を失脚させることに成功。そして、自らが次の皇后となると、今まで外戚《がいせき》として権力を握っていた貴族らを左遷、殺害する。門閥貴族らを排斥《はいせき》し、官位尊重主義を打ち出したのである。この結果、科挙《かきょ》官僚が積極的に任用されるわけだが、これが後世、則天武后の功績として語られることとなるのである。

高宗が病になると、則天武后はさらに表立って活動するようになり、人々は皇帝と皇后を「二聖」と呼んで恐れた。そして六八三年、高宗が亡くなると、今度は自分の息子の中宗《ちゅうそう》を即位させる。しかし、中宗は彼女の意のままにはならなかった。則天武后の許可を得

ずに、自分の皇后である韋《い》氏の父親を宰相にしようと図ったのである。則天武后の怒りを恐れ、諫《いさ》める家臣もいたが、中宗は聞く耳を持たなかったという。はたして、この人事が則天武后の耳に入るや彼女は激怒。中宗を廃し、弟の睿宗《えいそう》を皇帝に立てた。わずか五四日で玉座《ぎょくざ》から引きずりおろされてしまった中宗は、ただただ呆然《ぼうぜん》とするほかなかったという。

　その後も密告者を優遇し、不平分子を次々に処刑していったという彼女は、六九〇年、ついに自ら皇帝となり、国名を周《しゅう》と改める。既に六六歳の年を迎えていた。ちなみに、日本には聖徳太子を摂政とした推古天皇や天武天皇の皇后であった持統《じとう》天皇などの女帝がいる。西洋にもエリザベス女王やマリア・テレジアなど、著名な女帝が数多くいる。ところが、中国で女帝となったのは、後にも先にもこの則天武后ただ一人なのである。

　七〇五年、天下に権勢を轟《とどろ》かせた則天武后も齢《よわい》八〇を超え、病に倒れると周囲から引退を迫られ、その年に没している。その跡を継ぎ、唐王室を復活させ、皇帝の座についたのは、かつて五四日で則天武后により皇帝の座を下ろされた中宗であった。そして不遇の時代にあった夫を支え続け、再び皇后となった韋后は、やがて則天武后をまねて権力を握るようになる。ついには夫である中宗を毒殺し、息子を皇帝に立て、自らは摂政となるなど、専制色を強めていく。すると今度は、中宗の甥《おい》（睿宗の子）に当たる李隆基《りりゅうき》がクーデターを起こし、韋后とその一派は殺害される。その後は睿宗が皇帝に復活するが、二年で引退し、結局、その次にはクーデターの首謀者である李隆基が即位する。彼こそが唐王朝の中興《ちゅうこう》の英主ともいわれる玄宗《げんそう》皇帝である。

▼政敵を滅ぼし、政権を手中に収めた天皇と女帝

蘇我氏宗家を滅ぼした中大兄皇子（天智天皇）であったが、彼の死後は、息子である大友皇子と弟の大海人皇子との争いである壬申の乱が起こっている。則天武后もまた、それまで権力を握っていた貴族らを排し、やがて自ら皇帝となるが、死後は息子の嫁が政権を握り、それを排するために孫の李隆基（玄宗）がクーデターを起こすことになる。わずか二歳違いの同世代人である二人は、ライバルである貴族勢力を排することには成功したのだが、その死後、自らの子や親族が中心となって再び世は乱れることになったのである。

奈良の大仏を建立した帝と唐を代表する詩人

聖武天皇《しょうむ》
❖……【七〇一～七五六】

VS

李白《りはく》
❖……【七〇一～七六二】

聖武天皇 ▼仏教を信じ、国際色豊かな天平文化を花開かせた帝

天智天皇や天武天皇は、遣唐使等によってもたらされた中国の制度を導入し、刑法（律《りつ》）、行政法・民法（令《りょう》）の整備された律令《りつりょう》国家の実現を目指した。そして、七〇一年、文武《もんむ》天皇の時代に、基本法典である大宝律令《たいほうりつりょう》を制定し、律令国家がほぼ完成するのである。その記念すべき年に生まれたのが、聖武天皇である。七一〇年、都は平城京に遷され、奈良時代が始まるのだが、聖武天皇の治世は、まさにこの奈良時代を象徴する時代であったといってよい。

一方、中大兄皇子（天智天皇）と一緒に大化の改新を行なった中臣（藤原）鎌足の子である藤原不比等《ふひと》は、大宝律令の制定にも関わり、朝廷内に権力の基盤を築いていた。そんな不比等の娘宮子《みやこ》が文武天皇に嫁《か》して産んだのが、聖武《しょうむ》天皇であった。聖武天皇の父、文武天皇の母方の祖父は天智天皇であるから、聖武天皇は大化の改新の首謀者たる天智天皇と中臣鎌足の双方の血筋が交わった初めての天皇といえる（ちなみに文武天皇の父方の祖父は天武天皇である）。

聖武天皇の在位期間中は激動の時代であった。藤原不比等がこの世を去ってからは長屋《ながや》王《おう》が左大臣として最高位についていたのだが、やがて謀反《むほん》の噂が起こり、自殺に追い込まれる。「長屋王の変」と呼ばれる事件である。その後、長屋王の謀反の疑いは晴れたのだが、政治の実権は不比等の息子である四人の兄弟たちに移っていた。しかし、この藤原四子は疫病により相次いで没する。その後は橘諸兄《たちばなのもろえ》が、吉備真備《きびのまきび》らをブレーンとして政権を握るのだが、その間には藤原広嗣《ふじわらのひろつぐ》の乱なども勃発し、聖武天皇は都を恭仁《くに》、難波《なにわ》、紫香楽《しがらき》、そしてまた平城京へと遷すなど、かなり混乱した。

そんな政情不安も一つの契機だったのだろう。厚く仏教を信仰していた聖武天皇は、奈良の大仏や国分寺《こくぶんじ》、国分尼寺《こくぶんにじ》を建立する詔《みことのり》を出す。さらに紫香楽の地に大仏の造立を始める。しかし、再び平城京に都が戻った頃から聖武天皇の容態は悪化する。七四九年、娘の

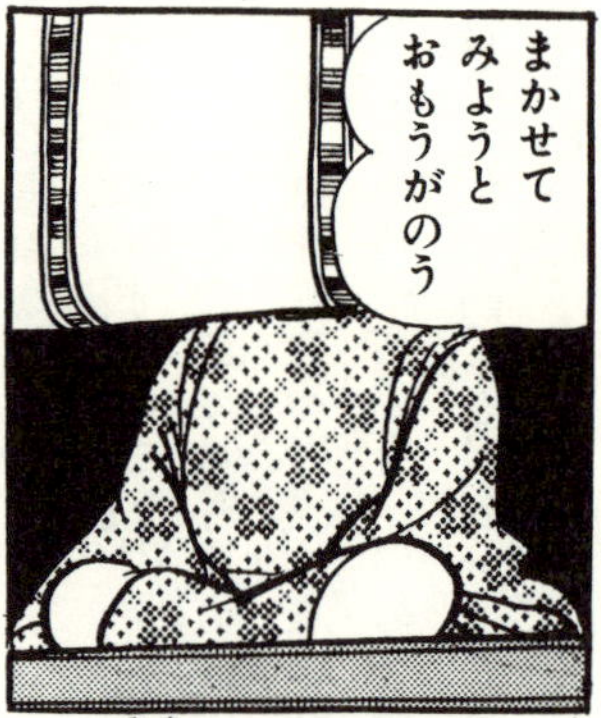

御簾《みす》の内にある聖武天皇
（『火の鳥鳳凰編』より）

阿倍内親王《あべのないしんのう》（孝謙《こうけん》天皇）に譲位。その三年後に東大寺の大仏は完成し、開眼供養《かいげんくよう》が盛大に行なわれたが、四年後、大仏開眼を見届けたかのようにして聖武天皇は崩御するのである。

さて、聖武天皇の皇后は、藤原不比等の娘の光明子《こうみょうし》である。これまで皇族以外の臣下の一族から皇后が出た例はなく、前代未聞のことであった。そしてこの時、藤原氏は初めて外戚《がいせき》という地位を得て権勢を握る道筋を得たのである。この光明皇后も仏教心が厚く、貧窮者や孤児を救済する悲田院《ひでんいん》、施薬院《せやくいん》を設立したという。また、聖武天皇の死後、光明皇后は天皇遺愛の品を東大寺に献納した。これが正倉院御物《しょうそういんぎょぶつ》の始まりである。

李白▼「一斗《いっと》詩《し》百篇《ひゃっぺん》」とうたわれた天才詩人

中国では、則天武后とそれに続く韋后による専制政治を「武《ぶ》韋《い》の禍《か》」と呼ぶが、これに終止符を打ったのが玄宗《げんそう》皇帝である。玄宗皇帝は、官制改革や節度使《せつどし》（地方における軍の指揮官）の設置、兵制改革などを実行し、「開元《かいげん》の治《ち》」と呼ばれる功績を残していった。彼の治世下は唐の最盛期ともいわれている。この時代には、唐代の初めに三百万ほどだった戸口も九百万戸へと拡大し、経済も繁栄していった。文化面でも、書画や詩文など、さまざまな分野で大きな発展が見られたのである。

唐代を代表する詩人の一人に李白《りはく》がいる。七〇一年、富裕な家庭に生まれた李白は、若い頃より詩、書、さらには剣術までを好み、十五歳の頃には高度な詩文を作成していたという。天才肌の彼は二〇代半ばで祖国を離れ漂泊《ひょうはく》の旅に出る。唐を代表する詩文家で十一歳年上の孟浩然《もうこうねん》と出会い、交流を重ねたのも、そうした時期であった。四〇歳となる頃には道教の隠者らと交わり、酒に浸《ひた》った生活をするようになる。その頃の李白と他の六人の道士たちは「竹渓《ちくけい》の六逸《りくいつ》」と称されている。

そんな李白であったが、やがて親しい道士の紹介で満四一歳の年に朝廷に出仕するようになる。時の皇帝は玄宗皇帝である。しかし、この頃の玄宗皇帝は前半生の華々しき賢帝の姿とは打って変わっていた。息子の后となっていた絶世の美女、楊貴妃《ようきひ》を宮中に召し上げ、日夜宴楽に耽《ふけ》っていたのである。そんな玄宗皇帝のもとで、李白は「翰林供奉《かんりんぐぶ》」という文書を司《つかさど》る役人に任命された。その文才は「天上の謫仙《たくせん》（天から落とされてきた仙人）」

と称され、たちまち文名は高まった。しかし、本来酒好きで、漂泊を常としてきた彼に、まともな役所勤《づと》めが長く務《つと》まるとは思えない。ある日、玄宗皇帝が楊貴妃と牡丹《ぼたん》を眺めていた時、この風情を詩にしようと李白を呼びつけたのだが、彼は足腰も立たぬほど酔っていたという。その場で作った詩は実に見事なものであったのだが、楊貴妃を不遇な美人趙飛燕《ちょうひえん》になぞったことからクレームがつき、これが一因ともなり、李白は朝廷を追放されたとの逸話も伝わっている。いずれにせよ、李白の宮仕えは二年足らずだったという。

その後、李白は後に詩聖《しせい》と呼ばれる杜甫《とほ》と出会う。十一歳年下の杜甫は「白や、詩に敵なし」、「李白は一斗、詩百篇」とその才能を讃えたという。

七五五年、腐敗した政治状況に対し、節度使である安禄山《あんろくざん》らの反乱（安史《あんし》の乱）が勃発する。玄宗は危機一髪、難を逃れたのだが、部下たちの怒りの矛先《ほこさき》は、世が乱れる原因となった楊貴妃に向けられた。追い詰められた玄宗は涙を飲んで、楊貴妃の殺害を認めたのである。一方、李白もこの乱の際、反乱軍の一味と見なされ流罪の判決を受けている。流刑地《るけいち》へ向けて長江《ちょうこう》を上っていく途中、辛《かろ》うじて恩赦《おんしゃ》にあい、自由の身となるのだが、そのわずか三年後、病死してしまう。その生涯で作った詩は現存するだけでも約千首あるという。

▼シルクロードの終着駅、正倉院

正倉院の御物は聖武天皇の遺品を始まりとし、東大寺や皇族関連の品々、およびシルクロードを経て唐からもたらされた輸入品などが集められ、現在に至っている。

聖武天皇と李白が同い年の同世代人であった点を考え合わせると、正倉院の御物となった聖武天皇の遺品などには、李白が活躍していた頃、すなわち唐がアジアの文化の中心地として栄えていた時代の宝物が、多く含まれているものと理解されよう。当時の唐は、積極的に他国の文化も吸収していた国際都市であったから、正倉院の御物もペルシアふうのガラス器、象の文様が描かれた器、熱帯アジア産の香木など、多彩な彩りを見せている。正倉院が「シルクロードの終着駅」と呼ばれる由縁でもある。

時の皇帝にも仕え、最盛期の唐の文化を彩った李白、そしてそんな唐の文化を日本で収集していた聖武天皇。当時のアジアが互いに交易を盛んにし、巨大な文化圏を築いていたことが、正倉院の御物を眼にするだけでも実感できるのである。

PROFILING-05

平安時代を代表する六歌仙の一人と西フランク王国初代王

在原業平《ありわらのなりひら》
【八二五～八八〇】

VS

シャルル二世《にせい》
【八二三～八七七】

在原業平 ▼『伊勢物語』のモデルとなった平安初期を代表する風流人

七九四年、桓武《かんむ》天皇は平安京への遷都を行ない、平安時代が始まった。この平安初期を代表する風流人といえるのが、六歌仙《ろっかせん》の一人、在原業平《ありわらのなりひら》である。

彼の父、阿保親王《あぼしんのう》は平城《へいぜい》天皇の皇子である。平城天皇は桓武天皇の皇子であるから、在原業平は、平安遷都を行なった桓武天皇のひ孫に当たる。もっとも、業平の母は桓武天皇の皇女であるから、母方からすれば、業平は桓武天皇の孫になる。業平の父と母は叔母と甥なのである。

業平の父、阿保親王とその父親である平城天皇は、平安初

期に起こった政変に大きく関わった人物でもある。平城天皇は即位後わずか三年ほどで、病気のため弟の嵯峨《さが》天皇に位を譲り、上皇《じょうこう》となった。しかし、譲位後、体調を取り戻し、再び政治にも口を出すようになると、天皇と上皇、二人の権力者がいる「二所朝廷《にしょちょうてい》」と呼ばれる政治状況が生まれてくる。当時、平城上皇は、藤原氏の一族である薬子《くすこ》を寵愛《ちょうあい》していたのだが、ついに薬子とその兄、藤原仲成《ふじわらのなかなり》に担《かつ》がれる形で挙兵した。「平城太上《だいじょう》天皇の変（薬子の変）」と呼ばれるこの事件で、最終的に藤原仲成は殺害され、薬子は自害、平城上皇は出家し、以後、政治に口出すことはできなくなる。在原業平の祖父平城上皇は、いわば謀反人《むほんにん》となった人物なのである。

　嵯峨天皇の皇子、仁明《にんみょう》天皇の御世《みよ》には承和《じょうわ》の変が起こっている。これは橘逸勢《たちばなのはやなり》、伴健岑《とものこわみね》らによる謀反の計画が事前に発覚し、六〇名ほどが処罰された事件である。この謀反を朝廷に密告したのが、阿保《あぼ》親王である。つまり、在原業平の父は密告者なのだ。ちなみに、この承和の変は藤原良房《ふじわらのよしふさ》による他氏排斥のための陰謀事件だという説が根強い。後に応天門《おうてんもん》の変という事件も起こっており、これもまた藤原一族が伴善男《とものよしお》ら、他の有力者を陥れるためにとった策略だといわれている。これらの事件等を経て、藤原氏は絶大なる権力を持つことになるのである。

このように「平安」とは名ばかりで謀反や政争が絶えなかったこの時期に、在原業平は生きた。『三代実録《さんだいじつろく》』によれば、彼は、姿かたちは麗《うるわ》しく、自由な生き方をし、漢学の才はほぼなかったが、上手に和歌を作った、とされている。風流に生きた彼は、生涯に三七三三人の女性と契《ちぎ》りを結んだともいわれており、『伊勢物語』のモデルにもなっている。

『伊勢物語』の主人公の「男」は、後に清和《せいわ》天皇の皇后となる二条の后《きさき》や伊勢斎宮《さいぐう》、小野小町《おののこまち》など、数々の女性たちと愛を語り、歌を交わし合う。たとえばこのような歌である。

見ずもあらず　見もせぬ人の　恋しくは　あやなく今日や　ながめ暮さむ

（大意：見てはいないというわけではないが、はっきりと見たとまでは言いがたい、そんなあなたが恋しいのが自分でも不思議だ。今夜は物思いに耽《ふけ》るしかないのでしょうね）

また、男は東国を旅して、故郷を思い、涙する。

名にし負は《わ》ば　いざこ《言》と《問》は《わ》む　都鳥《みやこどり》　わが思ふ《う》人は　ありやなしやと

（大意：名に「都」をつけた都鳥よ、都に住む私の思い人は元気でいるのだろうか）

これらの歌は、古今和歌集にも在原業平の歌として掲載されているが、『伊勢物語』に出てくる挿話がすべて事実とは思えない。業平の歌集や、美男子であったとされるイメージから創作されたフィクションであると解釈したほうがよいであろう。

在原業平が、祖父や父のように政争に大きく絡《から》んだという話は伝わっていない。恋と歌を愛し、風流に生きた彼は、八八〇年、病に倒れ、この歌を残して逝《い》ったのである。

つひ《い》にゆく《行》　道とはかねて　きき《聞》しかど　きのふ《昨日》今日とは　思は《わ》ざりしを

（大意：死出の旅は、いつか行く道とは聞いていたが、昨日今日とは思っていなかったよ）

シャルル二世▼壮大なスケールの兄弟喧嘩がフランク王国の分裂を招く

ヨーロッパに長く覇権を築いたローマ帝国は、三世紀頃から統治に混乱が見られていた。さらに四世紀後半となるとゲルマン民族の大移動が始まり、三九五年、ローマ帝国は、東西二つに分裂する。その後もゲルマン諸部族はローマ帝国内に侵入を続け、ついに四七六年西ローマ帝国は滅亡する。

各地に建国されたゲルマン諸国家の中で、特に力をつけていったのがフランク王国である。次第に領土を広げていったフランク王国は、七三二年、イスラーム帝国の軍勢をトゥール・ポワティエ間の戦いで撃退。さらに七六八年、カール大帝が即位すると、西ヨーロッパの多くを手中に収めた大国と

なる。しかし、大帝の死後、すぐに王国は乱れ始める。大帝の跡を継いだルートヴィヒ一世は、八一七年、自らの死の予兆を感じ、三人の息子に王国を分割することを決めた。ところが、彼は予兆に反し、その後も命を長らえ、さらに新たに迎えた妻との間に子どもが生まれたため、一度決めた三分割案を修正しようと考えた。このことから王と子どもたちとの対立が深まっていく。この時に生まれた子どもこそ、後の西フランク王、シャルルである。

ルートヴィヒ一世が八四〇年に亡くなると、十代の青年となっていたシャルルは、すぐ上の兄であるルートヴィヒ二世と協力して、王国全土の統一支配をもくろむ長兄のロタールをフォントノアの戦いで破る。その結果、三人の兄弟はヴェルダン条約を結び、王国を三分割。ロタールは中フランク、ルートヴィヒ二世は東フランク、そしてシャルルは西フランクを統治することになる。シャルルは自らの力で領土を得ることに成功したのである。

こうして二〇歳にして西フランク王となったシャルルであったが、その後はノルマン人の侵攻などで苦難の治世を行なっている。しかし、中フランクの一部がシャルルとルートヴィヒ二世の結んだメルセン条約により分割、併合され、かつてのフランク王国の領土は西フランク（フランス）、東フランク（ドイツ・神聖ローマ帝国）、そしてイタリアの三つに再編成されることになる。

シャルル兄弟らの祖父であり、フランク王国を強大な帝国に仕立て上げたカール大帝は、八〇〇年のクリスマスの際にローマ教皇よりローマ皇帝の戴冠を受けており、その死後も、大帝の子孫が引き続きローマ皇帝に任命されていた。八七五年、イタリアを併合したシャルルは、そんなローマ皇帝の戴冠を受ける。西フランク王シャルル一世、ローマ皇帝シャルル二世として二つの王冠を手にすることになったのである。末弟に生まれながら、ついに権力の頂点に至ったシャルル二世。しかし、彼はそのわずか二年後に死去する。彼の五四年に及ぶ人生は、兄弟や甥たちと争いを続けてきた苦難の一生だったといえよう。

▼帝の一族と生まれながら違った人生を歩んできた二人

シャルル二世と在原業平はわずか二歳違いの同世代人である。また、シャルル二世がカール大帝の孫であるのと同様に、在原業平も平城天皇の孫に当たり、王家の血筋を引くものであった。しかしながら、政争に明け暮れたシャルル二世と風流に生きた在原業平とではその生涯はあまりに対照的である。肉親との争いを経て権力の頂点に立ったシャルル二世と芸術と恋の道に生きた在原業平。はたしてどちらの人生がより幸せだったのだろうか？

COLUMN-01

まだまだいるゾ！ 同世代人！ …〈古代編〉

日本	◀VS▶	世界
大化の改新で退位した 天智、天武の母 **皇極《こうぎょく》天皇**（594-661）	8歳差	インドで学んだ三蔵法師。 『西遊記』のモデル **玄奘《げんじょう》**（602-664）
奈良時代に活躍した 元皇族の左大臣 **橘《たちばなの》諸《もろ》兄《え》**（684-757）	1歳差	開元の治を行ない 楊貴妃を愛した皇帝 **玄宗《げんそう》**（685-762）
恵美押勝の乱を起こした 藤原家のホープ **藤原《ふじわらの》仲《なか》麻《ま》呂《ろ》**（706-764）	1歳差	安史の乱を起こした 節度使 **安《あん》禄《ろく》山《ざん》**（705-757）
弘法大師とも呼ばれる 真言宗の開祖 **空《くう》海《かい》**（774-835）	2歳差	『長恨歌』でも有名な 唐を代表する詩人 **白《はっ》居《きょ》易《い》**（772-846）
摂関政治の頂点に立った 藤原道長の父 **藤原《ふじわらの》兼《かね》家《いえ》**（929-990）	2歳差	君主独裁体制を築いた 宋の初代皇帝 **趙《ちょう》匡《きょう》胤《いん》**（927-976）
前九年、後三年の役で 活躍した八幡太郎 **源《みなもとの》義《よし》家《いえ》**（1039-1106）	3歳差	『赤壁の賦』で有名な詩人、 唐宋八大家の一人 **蘇《そ》軾《しょく》**（1036-1101）
院政をはじめた 権力者 **白《しら》河《かわ》法皇**（1053-1129）	3歳差	カノッサの屈辱で 教皇に許しを請うた皇帝 **ハインリヒ四世** （1050-1106）
源平合戦の前後にわたり 院政を行なった法皇 **後《ご》白《しら》河《かわ》法皇**（1127-92）	3歳差	朱子学を大成させた 南宋の儒学者 **朱《しゅ》熹《き》**（1130-1200）

［第二章］「中世の日本」と世界

日本　平安末期～室町時代

世界　モンゴル帝国・ルネサンス～明・百年戦争・大航海時代

PROFILING-06
▶源義経 vs チンギス・ハン
PROFILING-07
▶北条時宗 vs マルコ・ポーロ
PROFILING-08
▶足利尊氏 vs ボッカチオ
PROFILING-09
▶観阿弥 vs 朱元璋
vs エドワード黒太子
PROFILING-10
▶足利義尚 vs ヴァスコ・ダ・ガマ

『火の鳥 乱世編』より

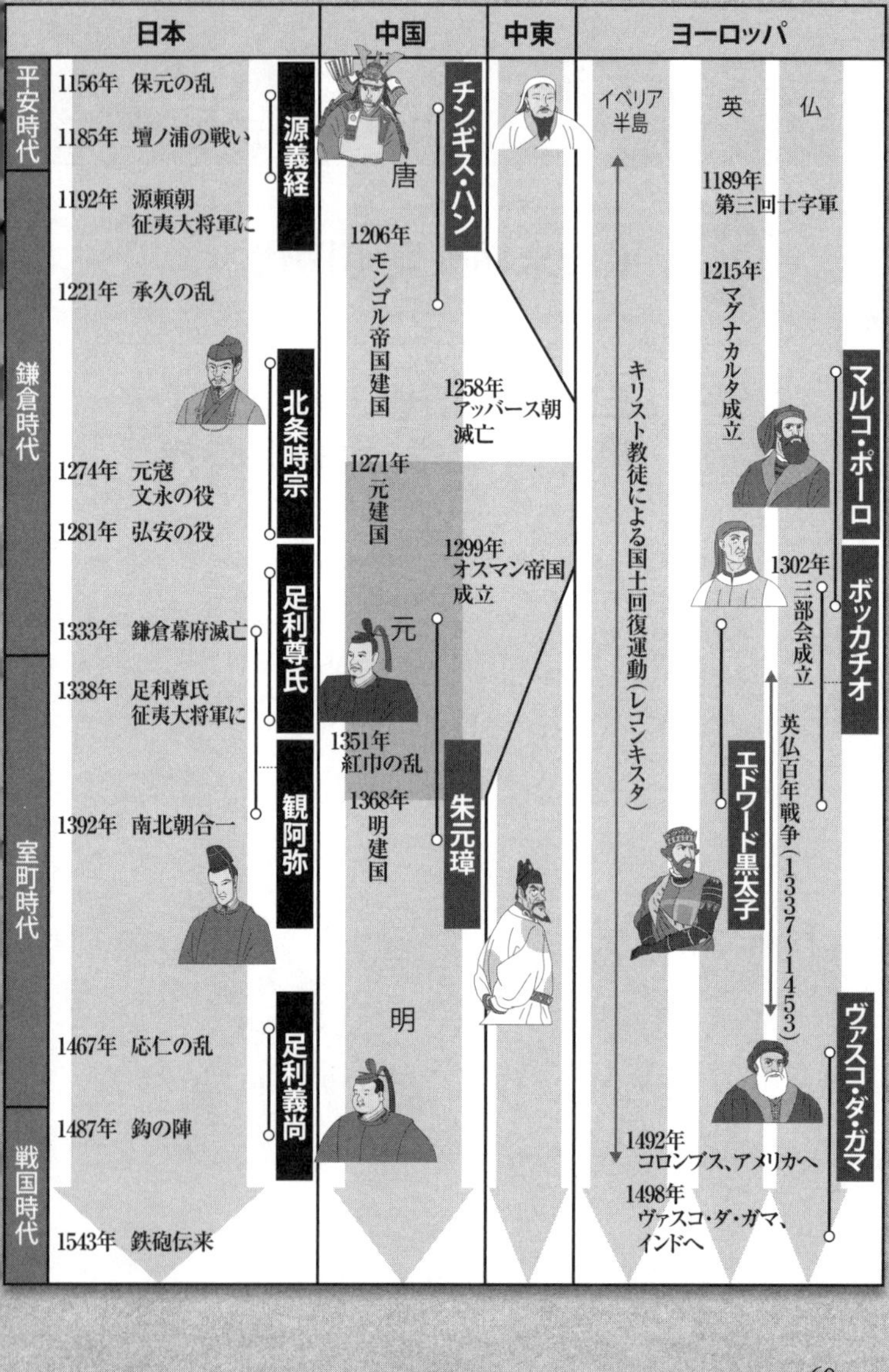
日本
中国
中東
ヨーロッパ
平安時代
鎌倉時代
室町時代
戦国時代
1156年 保元の乱
1185年 壇ノ浦の戦い
1192年 源頼朝 征夷大将軍に
1221年 承久の乱
1274年 元寇 文永の役
1281年 弘安の役
1333年 鎌倉幕府滅亡
1338年 足利尊氏 征夷大将軍に
1392年 南北朝合一
1467年 応仁の乱
1487年 鈎の陣
1543年 鉄砲伝来
源義経
北条時宗
足利尊氏
観阿弥
足利義尚
唐
1206年 モンゴル帝国建国
1271年 元建国
元
1351年 紅巾の乱
1368年 明建国
明
チンギス・ハン
朱元璋
1258年 アッバース朝滅亡
1299年 オスマン帝国成立
イベリア半島
英
仏
キリスト教徒による国土回復運動(レコンキスタ)
1189年 第三回十字軍
1215年 マグナカルタ成立
1302年 三部会成立
英仏百年戦争(1337~1453)
マルコ・ポーロ
ボッカチオ
エドワード黒太子
ヴァスコ・ダ・ガマ
1492年 コロンブス、アメリカへ
1498年 ヴァスコ・ダ・ガマ、インドへ

その時…

日本　平安末期▼鎌倉時代
世界　モンゴル帝国

平清盛の台頭が、武士の時代への幕開けとなった
（『火の鳥乱世編』より）

平安時代中期になると、他氏を排斥した藤原氏の力が一層強大となり、摂関《せっかん》政治を行なう。娘を天皇のもとに入内《じゅだい》させ、次代の天皇を生ませることで、外戚《がいせき》の地位を獲得し、摂政《せっしょう》や関白《かんぱく》として貴族社会の頂点に君臨するといったやり方である。こうして藤原氏が権力の中枢にいた時代に『源氏物語《げんじものがたり》』や『枕草子《まくらのそうし》』に代表されるような国風《こくふう》文化が栄えていく。

しかし、藤原氏の天下も永遠には続かなかった。平安時代末期には、藤原氏ら旧来の勢力と距離を置く形で、天皇位をおりた上皇《じょうこう》が実質的な権力を握る院政《いんせい》が始まった。上皇は、これまで藤原摂関家の陰に隠れていた中・下級貴族や武士を重用して、自らの政治基盤を固めていくのであるが、その中から、次の時代の権力者が現われてくる。保元《ほうげん》の乱、平治《へいじ》の乱という二つの戦乱に勝利して、ライバルを圧倒した平清盛《たいらのきよもり》が、武家ながら空前の出世を果たし、太政大臣《だいじょうだいじん》の地位にまで上り詰めるのである。

(上)弁慶と戦う若き日の源義経(牛若丸)
(下)一の谷の合戦でひよどり越えを果たす義経(ともに『弁慶』より)

その後、「平家にあらざれば、人にあらず」と形容されるほど、平家一門は隆盛を極《きわ》めるのだが、「奢《おご》る平家は久しからず」の言葉通り、その栄華は、わずか数年と持たずに崩壊していく。平家のライバル、源氏の棟梁《とうりょう》、源頼朝《みなもとのよりとも》をはじめとする反平家の勢力が旗揚げし、平家を滅亡へと追いやるのである。

平家追討《ついとう》の争いの中で、抜群の働きを示したのが、**源義経**《みなもとのよしつね》である。急な崖《がけ》を駆け下る奇襲戦法などで戦功を挙げた義経であったが、後に兄、頼朝と仲違《なかたが》いし、非業《ひごう》の最期《さいご》を遂げた。一方、平家を倒し、弟の義経を自害させた源頼朝は征夷大将軍《せいいたいしょうぐん》となり、鎌倉幕府を開く。しかし、彼の死後は、二人の息子が将軍位につくも若くしてこの世を去り、幕府の権力は、将軍を補佐する執権《しっけん》位にあった北条《ほうじょう》氏が代々握ることになっていく。

その頃、中国大陸では、大きな異変が起こっていた。モンゴル高原に生まれた**チンギス・ハン**が、諸部族を統合し、モンゴル帝国を建国したのである。チンギス・ハンとその子孫たちの恐るべき軍事力はユーラシア大陸を席巻《せっけん》。ロシアから中東、中国にいたる巨大な帝国をつくり上げた。

鎌倉幕府を開いた源頼朝
（『火の鳥乱世編』より）

その勢力は、海を越え、日本へと食指を動かしてきた（元寇《げんこう》・蒙古襲来《もうこしゅうらい》）。モンゴル帝国（元《げん》）の軍隊が二度にわたり日本に攻め込んできたのである。かつてない外圧に対抗したのが、執権**北条時宗《ときむね》**である。彼の活躍により、辛うじてこの襲撃を防いだ鎌倉幕府だったが、その影響は重くのしかかった。武士（御家人《ごけにん》）たちは戦費を自己負担したのに、満足な恩賞ももらえず困窮《こんきゅう》する。このため、御家人の幕府に対する忠誠心は薄れ、幕府は一気に衰退へと向かったのである。

一方、東は中国全土から西はロシア、イスラーム地域までに広がる大モンゴル帝国についても、ヨーロッパの人々も大きな関心を持って見つめていた。このため、元に仕えたというイタリア商人の本がベストセラーとなる。**マルコ・ポーロ**の『東方見聞録《とうほうけんぶんろく》』である。この書の中では、日本は『黄金の国ジパング』として紹介され、これらの記述が後の大航海時代の人々の冒険心に火をつけることになる。

その時…
日本 鎌倉幕府の崩壊▼応仁の乱
世界 ルネサンス、モンゴル帝国▼百年戦争、明、大航海時代

十四世紀前半、後醍醐《ごだいご》天皇は、自ら政治を行なうべく倒幕行動を起こす。これに楠木正成《くすのきまさしげ》、新田義貞《にったよしさだ》、**足利尊氏《あしかがたかうじ》**などが呼応し、一気に鎌倉幕府は滅亡する。

一三三四年、後醍醐天皇は、京都で建武《けんむ》の新政《しんせい》を始めるも、新政府に対する不満が武士を中心に爆発。反旗をひるがえした足利尊氏らによって、後醍醐天皇は降伏して譲位する。一方、足利尊氏は征夷大将軍となり、室町幕府を開くことになる。

その頃、辛うじてモンゴルの勢力外にあったヨーロッパで、新しい動きが始まっていた。神や教会を中心とした中世的な世界観を改め、個々の人間の個性、現世的欲求などを肯定、重視し、人間中心の世界観への移行を目指したルネサンスという動きが現われ始めたのである。初期ルネサンスを代表する人物の一人が『デカメロン』を著した**ボッカチオ**である。ルネサンスの動きは十六世紀にかけ進行し、ダヴィンチ、ミケランジェロらの大芸術家を生むことになる。

平安時代はもちろん、鎌倉時代以降も牛車は使われていた
（『弁慶』より）

日本では室町時代になると、茶《ちゃ》の湯《ゆ》や水墨画など、和風の文化が栄えていく。その代表ともいうべき人物が能を大成へと導いた**観阿弥**《かんあみ》である。彼とその子世阿弥《ぜあみ》は、室町幕府の庇護《ひご》を受け、能という芸術の世界で、見事な大輪の花を咲かすことになる。一方、中国ではモンゴル（元）の支配は衰えを見せ、やがて一人の貧農出身の**朱元璋**《しゅげんしょう》が頭角を現していく。後に彼は洪武帝《こうぶてい》として即位し、明《みん》を建国する。またヨーロッパでは、イギリスとフランスによる百年戦争

が勃発。この戦いを、優位に進めていった中心人物がイギリスのエドワード黒太子《こくたいし》である。この洪武帝とエドワード黒太子が二歳違い、そしてエドワード黒太子と観阿弥が三歳違いと、いずれも同時代に生をうけた人物なのである。

十五世紀半ば、八代将軍足利義政の時代に、大きな戦いが起こる。応仁《おうにん》の乱である。戦いの契機の一つとなったのは、将軍義政の後継問題である。当時、義政にはなかなか男子ができなかったため、弟の義視《よしみ》を後継と決めた。しかし、世は皮肉なもの。後継を決めた

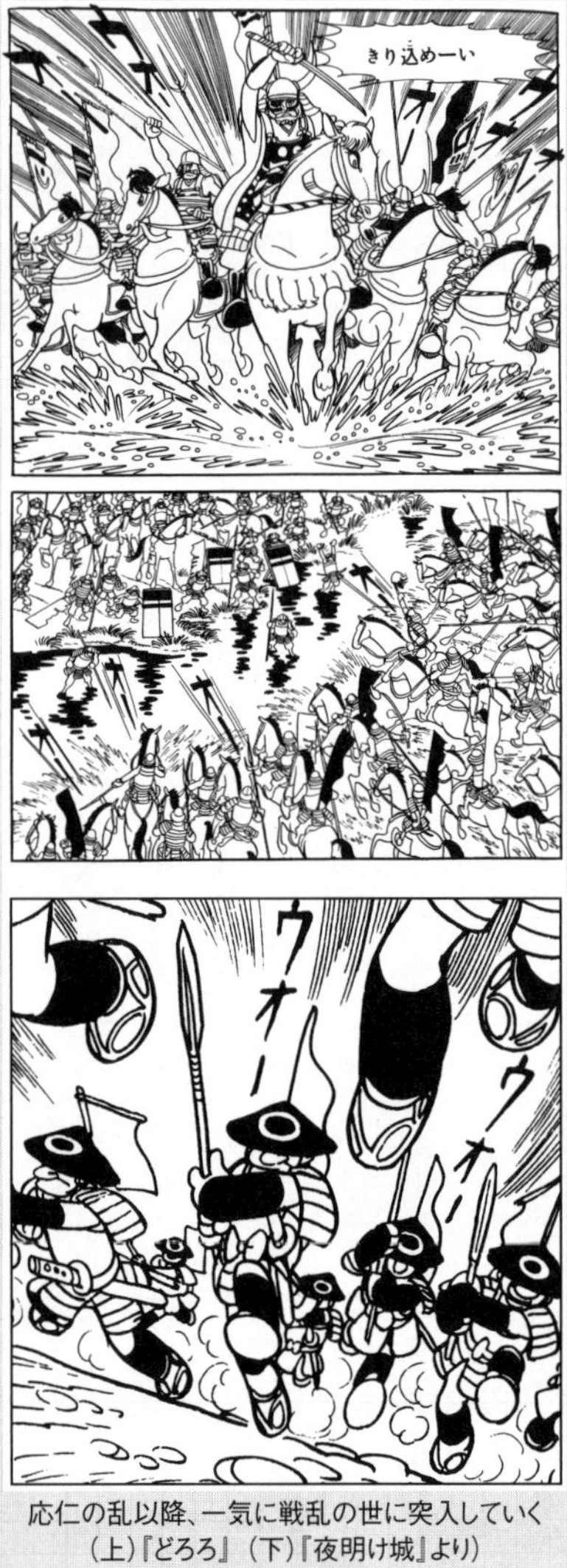

応仁の乱以降、一気に戦乱の世に突入していく
（上）『どろろ』（下）『夜明け城』より）

すぐ後に、あきらめていた実子**足利義尚**《よしひさ》が正妻日野富子《ひのとみこ》との間に生まれたのである。この将軍継嗣《けいし》問題や有力武家の後継争いなどがもとで日本を二分する大乱が勃発。この後、日本は未曽有《みぞう》の戦国時代へと入っていく。

その頃、ヨーロッパでは、イスラーム勢力から領土を取り返したキリスト教国、スペインとポルトガルを中心に、商業拡大やキリスト教布教を目指して大航海が積極的に行なわれていた。その中でインド航路の開拓に成功したのが**ヴァスコ・ダ・ガマ**である。このガマと応仁の乱の契機となった足利義尚が同世代人である。日本が戦国時代に入る頃、ヨーロッパは大航海の時代を迎え、やがてその二つは出会い、鉄砲伝来、ザビエルの来日へとつながるのである。

中世ヨーロッパの騎士をイメージさせるリボンの騎士
(『リボンの騎士』より)

源平合戦で活躍した天才武将とモンゴル帝国を築いた男

❖……源義経《みなもとのよしつね》【一一五九～一一八九】

VS

❖……チンギス・ハン【一一六二(?)～一二二七】

源義経▼平家滅亡に尽力しながら非業の死を遂げた御曹司

平安時代、他の貴族を圧倒した藤原氏は、道長《みちなが》、頼通《よりみち》親子の摂関政治を最盛期として、大いなる栄華を誇った。しかし、頼通の娘に皇子が生まれなかったことから、その後は藤原氏と外戚《がいせき》関係のない後三条天皇が即位。その子白河天皇は、皇子に天皇位を譲った後に、上皇として政治をとる院政を開始したことから、藤原氏の栄華は影を潜《ひそ》めてくる。その代わりに台頭してきたのが、上皇に重用された武士である。

一一五六年、天皇家と藤原摂関家の一族間で起こった対立から保元《ほうげん》の乱が起こり、さらに、一一五九年、上皇の近臣対立から平治《へいじ》の乱が起こる。二つの乱を武力で鎮《しず》めた平清盛《たいらのきよもり》が台頭するようになる。一方、平治の乱で敗《やぶ》れた源氏の棟梁《とうりょう》、源義朝《みなもとのよしとも》は、乱の翌年、逃亡先で家臣に殺される。義朝の三男頼朝《よりとも》は、命だけは救われたが、伊豆へ配流《はいる》となった。

しかし、義朝の遺児は、頼朝だけではなかった。平治の乱の起こった年、義朝の側室《そくしつ》であり、絶世の美女と伝わる常盤御前《ときわごぜん》が、一人の男子を産んだ。幼名、牛若丸《うしわかまる》。後の源義経である。

義経は、京都、鞍馬寺《くらまでら》に預けられるも、仏道修行には励まなかった。自分が義朝の子と知ると、父の敵討ちを胸に秘めつつ、奥州藤原氏を頼り、来たるべき時を待ったという。実は幼少期の義経の動向について信頼のおける史料は少ない。それゆえ、鞍馬寺で天狗《てんぐ》に妖術《ようじゅつ》を教わったり、弁慶《べんけい》を五条大橋で破《やぶ》ったりといった伝説が生まれていったのである。

その頃、平家の強引なやり方が、世間の不評を買っていた。やがて後白河法皇の皇子、以仁王《もちひとおう》による平家打倒の令旨《りょうじ》に応える形で、源頼朝ら平家に対して不満を持つ人々が挙兵する。義経もまた、挙兵した兄のもとへ参じた。そして、一《いち》の谷《たに》、屋島《やしま》などで平家を打ち破り、ついに壇ノ浦《だんのうら》で平家一族を滅亡させるのである。源平合戦において一番の戦功を挙げたのは、源義経だといってよいであろう。

『弁慶』に描かれた義経と頼朝

『火の鳥乱世編』に描かれた義経

しかし、平家滅亡後、頼朝と義経の間に不和が生じる。頼朝が義経の台頭を恐れたとも、源氏の勢力を恐れた後白河法皇が仲違いを工作したためともいわれている。

兄からの追手《おって》を逃れるため、義経はかつての恩人、奥州の藤原秀衡《ひでひら》を頼ったが、秀衡の死後、息子の泰衡《やすひら》に裏切られ、ついに自害を遂げることになる。満三〇歳の年のこと。天才軍師の早すぎる死である。一方、弟、義経を死に追いやった源頼朝は、征夷大将軍となり、鎌倉幕府を開くことになるのである。

チンギス・ハン▼モンゴルに生まれ、大帝国を築いた男

中国では、日本の平安時代中期に当たる九六〇年に宋《そう》が建国され、中国を統一した。しかし、宋は北方民族の遼《りょう》などの圧迫を受け、厳しい国家運営を余儀《よぎ》なくされていた。やがて十二世紀になると、中国東北部に金《きん》という女真《じょしん》族の国家が生まれる。宋は、この新興勢力である金と同盟を結び、遼を滅亡させることに成功するも、勢いに乗った金は、そのまま中国華北部を支配。宋は中国南部へと追いやられることになる（南宋）。

この遼、金、宋らによる争いが、別の巨大な勢力の眼を覚ますことになる。モンゴル高原にあったモンゴル諸部族は、もともと遼の支配下にあったが、遼や金が興亡を繰り返し、モンゴル高原への影響力が小さくなってきたことを背景とし、諸部族が統合し、勢力を増強する動きを見せたのである。その動きの中心にいたのが、テムジンという男であった。やがて、彼は一二〇六年、諸部族の有力者会議で、君主（ハン）の位につく。以降、彼は、チンギス・ハンと呼ばれ、強力なモンゴル帝国を率いる君主となった。日本で源義経が自ら命を絶った十七年後のことである。

チンギス・ハン率《ひき》いる騎馬隊の力は強大であった。彼らは中国北方を攻めて金に迫り、首都、中都《ちゅうと》（現在の北京）に入城。さらに、西はロシア諸侯を攻め、イスラーム勢力であ

るアッバース朝を攻撃したのである。

まさに無敵の快進撃でユーラシア大陸を席巻《せっけん》したチンギス・ハンであったが、晩年には、肉体の衰えを感じたのか、不老長寿を求め、金の道士長春真人《ちょうしゅんしんじん》を呼び寄せ、長生の薬があるか問うたという。しかし、長春真人は「衛生の道あるも長生の薬なし」と、無敵の武人をたしなめたのである。これを聞いたチンギス・ハンは、彼を咎《とが》めることもなく、むしろ熱心に彼の教えを受けることになったという。

一二二七年、さしもの天才武人も、不老長寿の望みは叶《かな》わず、戦いの中で病没する。しかし、その肉体は滅んでも、その志は長く人々の中に生き続けた。彼の子孫がその志を継ぎ、モンゴルを大帝国へと導いたのである。

孫のバトゥはモスクワへ入り、ヨーロッパを攻め、後にこの地にはキプチャク・ハン国ができる。中東を攻撃した孫のフラグはアッバース朝を滅ぼし、イル・ハン国を建国。子のオゴタイは金を滅ぼし、孫に当たるフビライは国号を元《げん》と改め、南宋を滅ぼし、中国を統一する。元といくつかのハン国の連合体となったモンゴル帝国は、ユーラシア大陸にまたがる世界史上かつてない大帝国を築くことになったのである。

▼同一人物説も唱えられた軍事の天才たち

源義経とチンギス・ハンには共通点が多いという。まずは生年である。チンギス・ハンの生年には一一五五年、一一六二年、一一六七年など、諸説あるのだが、いずれにしても一一五九年生まれの義経と同世代であることに変わりはない。二人とも騎馬を得意とした軍事の天才であり、ともに白旗の軍旗を使用していたともいわれている。名前すら「源義経」を音読みした「ゲンギケイ」が「チンギス・ハン」と似ている（？）と主張する人もいたようである。これらのことから「源義経＝チンギス・ハン　同一人物説」が唱えられたこともあったが、現在は研究も進み、事実ではないと考えられている。

いずれにせよ、二人は激動の時代を、自らの軍事的才能をもって切り拓いた同世代人である。志半ばに倒れたとはいえ、その志は生き、その親族は国を治める王として君臨したのである。

元寇を防いだ執権と東洋を西洋に伝えた男

北条時宗《ほうじょうときむね》

❖……【一二五一～一二八四】

VS

マルコ・ポーロ

❖……【一二五四～一三二四】

北条時宗 ▼日本の危機を救った若き英雄

史上空前の大帝国を築いたモンゴルは、チンギス・ハンの孫で五代目ハンとなるフビライの時に中国北部に侵略。国号を元《げん》とし、大都《だいと》（北京）を首都に定め、朝鮮半島の高麗《こうらい》やチベットを属国とした。さらに、フビライ・ハンの野望は海を越え、日本にまで食指を動かしてきたのである。

このモンゴル帝国の日本進攻に対抗したのが、時の執権《しっけん》、北条時宗《ときむね》であった。鎌倉幕府では、頼朝の血統が絶《た》えた跡は、頼朝の妻の実家である北条氏が執権として幕政の実権を握っていた。

北条時宗は、五代執権であった父時頼《ときより》が一二六三年に亡くなると、翌年十三歳で家督《かとく》を継いだ。そして一二六八年正月、フビライ・ハンからの国書が届くと、高まる外圧に対抗するため、時宗は満十七歳の誕生日を迎える前に執権となったのである。一二七一年までに元は三度国書を持った使節を来日させ、国交を要求したが、幕府はこれを黙殺し、九州の防衛を強化。すると、一二七四年一〇月、元と高麗の兵二万八千人を乗せた九百隻《せき》の船が博多に迫ってきたのである。「てつほう」と呼ばれた火薬を使った武器などに悩まされつつも、幕府軍も必死で防戦した。この時、内部で対立なども起こり、モンゴル軍は撤退を決意。文永《ぶんえい》の役と呼ばれたこの戦いを北条時宗はなんとか、くぐり抜けたのである。

この最初の元寇《げんこう》の翌年、元は再び使者を遣わすが、北条時宗はこれを処刑し、石塁《せきるい》と呼ばれた、のべ二〇kmにも及ぶ防塁《ぼうるい》を博多に築くなど、次の来寇《らいこう》に備えた。はたして一二八一年、元軍は再度博多周辺に来襲する。しかし、急きょ築いた石塁が効果を発揮したうえ、幕府軍の必死の防戦によりモンゴル軍の上陸を許さなかった。三カ月による激闘の末、台風が元軍の船を直撃。ほとんどが沈んでしまったのだ。ついにモンゴル軍の侵攻を許さなかったのである。弘安《こうあん》の役と呼ばれるこの戦いに勝利を収めた時、北条時宗は、わずかに三〇歳であった。

幕府は元軍の来襲に対し、「戦功あるものは御家人《ごけにん》でなくとも恩賞を与える」などとして兵を募《つの》ったのに、恩賞はほとんど出なかった。そこで肥後の御家人竹崎季長《たけざきすえなが》は鎌倉に赴《おもむ》いて直談判《じかだんぱん》し、どうにか恩賞を得ることができた。後に彼は自らの戦いぶりを描いた『蒙古襲来絵詞《もうこしゅうらいえことば》』と呼ばれる絵巻物を作成させた。この絵巻物は元寇の様子を今に伝える史料としても貴重なものとなっている。しかし竹崎は例外で、幕府が御家人たちに給付した恩賞は、とても満足のいくものではなかった。侵略を防ぐ戦いであり、新しい土地や財宝は獲得できなかったのであるから、当然の結果ともいえよう。なお、寺社までも、祈禱《きとう》により敵軍を退けた恩賞を要求し、幕府を困惑させた。北条時宗は内外からの圧力に対し、北条家嫡流《ちゃくりゅう》の惣領家《そうりょうけ》である得宗《とくそう》を中心とした専横《せんおう》支配を強めていくが、これもまた一般御家人の反発を買っていく。これらの結果、鎌倉幕府はじわじわと衰退への道を辿《たど》ることになる。

そして元寇の三年後、北条時宗は満三三歳の年に急死する。生前禅宗《ぜんしゅう》を信仰していた時宗は、中国からの渡来僧無学祖元《むがくそげん》を招いて創建させた円覚寺《えんかくじ》に葬《ほうむ》られた。この円覚寺には、元寇《げんこう》によって犠牲となった兵士が日本軍、モンゴル軍の別なく供養《くよう》されているという。

マルコ・ポーロ ▼ 元に仕えた後、獄中で『東方見聞録』をまとめたイタリア人

マルコ・ポーロは、イタリア、ヴェネツィアの商人の家に生まれた。生年は一二五四年といわれている。当時のヴェネツィアは海外貿易を盛んに行なっており、彼の父と叔父《おじ》もまた海外との貿易を常とし、一二六六年には元《げん》の首都大都（現在の北京）へと渡っていた。ここで彼らはフビライ・ハンの歓迎を受け、数年この地で過ごした後、いったんはイタリアへと帰国。その後、一二七一年、再び大都へと旅立つこととなったのだが、今度は十七歳の少年マルコ・ポーロを連れての旅となった。

ユーラシア大陸をほぼ横断するというこの旅は、約三年の月日を費《つい》やした後、大都の地へ着いた。彼らと会見したフビライは、彼らを再び歓迎した。やがてマルコ・ポーロは、大都の宮廷に仕えることとなる。彼は、やがてモンゴル語、ペルシア語、トルコ語、ギリシア語を使いこなせるようになり、フビライの深い寵愛を得るようになったという。マルコ・ポーロは、モンゴル帝国各地を旅行し、大都に戻っては、各地の様子をフビライに伝えた。フビライは彼の報告によって、帝国内の様子を知ることができたという。この見聞は後の大べ

ストセラーに活かされることになるのである。

マルコ・ポーロらは、フビライに仕えるこの生活に満足していたが、元の都に着いて一〇年経《た》ち、さらに時が過ぎていくと、望郷の念が日増しに高まっていく。しかし、彼らを重用していたフビライは、帰国することを容易に許さなかった。彼らに帰国のチャンスが訪れたのは、元の皇女が中東に位置するイル・ハン国に嫁《とつ》ぐこととなり、それに同行することになった時である。その後、彼らが再び故郷イタリアの地を踏んだのは、一二九五年。実に旅立ちからほぼ四半世紀が過ぎていた。十七歳の少年であったマルコ・ポーロは四〇代の壮年となっていたのである。

帰国後、マルコ・ポーロは故郷ヴェネツィアとジェノバとの戦闘に上級司令官として従軍。しかし、その後、ジェノバ軍に捕えられ、捕虜となる。獄中には、作家のルスティケロも捕えられていた。マルコ・ポーロは、彼にモンゴル帝国内で見聞きした貴重な話を語った。文才ある作家ルスティケロは、これを筆記し、ついに『東方見聞録《とうほうけんぶんろく》』が完成したのである。

マルコ・ポーロは投獄された翌年に釈放されるが、その後の生活は詳《つまび》らかにされていない。しかし、彼の口述による『東方見聞録』はヨーロッパの人々に大きな影響を与えた。

その中には「黄金の国ジパング」として日本に関する記述も載せられている。

一四九二年、大西洋を渡ったコロンブスも、この書を愛読し、アジアを、そして黄金の国ジパングに行くことを夢見ていたという。マルコ・ポーロの記したこの大旅行記は、後世の大航海の時代を生きた人々の冒険心に火をつけていったのである。

▼世界史を変えたモンゴル大帝国が二人の人生を大きく変えていった

中国全土から、さらに東に勢力を拡張していった元の勢いは、北条時宗らの活躍により日本海で留まることとなった。しかし、元寇により、勢力を使い果たした感のある鎌倉幕府は、徐々に衰退していくようになる。

一方、空前の大帝国の誕生にからみ、ヨーロッパの人々の東方への関心はますます高まりつつあった。その東方に関する知的好奇心を満足させたものの一つが、マルコ・ポーロの『東方見聞録』だったのである。

二人の死後、日本では鎌倉幕府の滅亡、そして室町幕府の成立へと歴史は動き、やがてヨーロッパは、大航海の時代を迎えていくようになるのである。

足利幕府を開いた男と『デカメロン』で有名な文学者

足利尊氏《あしかがたかうじ》

……【一三〇五〜一三五八】

VS

ボッカチオ

……【一三一三〜一三七五】

足利尊氏▼豪勇・慈悲心・無欲の三徳を備えた征夷大将軍

足利氏は源氏の一族であり、足利尊氏《あしかがたかうじ》も、源頼朝、義経兄弟も、その先祖をさかのぼれば、「八幡太郎《はちまんたろう》」と呼ばれた武将、源義家《みなもとのよしいえ》に行きつく。また、歴代の足利家の人々は、執権、北条氏の娘と婚姻関係を結ぶことも多く、足利尊氏もまた、北条家より妻を娶《めと》っている。さらに、当初、尊氏は「高氏」という名前だったのだが、この「高」という字は執権、北条高時の名から一字をもらって名乗っていたものである。このように足利尊氏は名族出身で、鎌倉幕府の中枢を占める人々と深い関係にあったわけである。

鎌倉幕府は、元寇への対応に追われたあたりから、徐々に求心力を失い始める。それに伴い、各地に悪党《あくとう》と呼ばれる幕府と対立する新興集団の動きも活発化してくる。このような情勢を読みとった後醍醐《ごだいご》天皇は、鎌倉幕府を倒し自ら政権を握ろうと、二度にわたり倒幕の動きを見せるが、計画はともに失敗。後醍醐天皇は、隠岐《おき》に配流《はいる》となる。しかし、この動きを見て、幕府に対して不満を持つ悪党や御家人たちが次々と挙兵。この事態を鎮めるために、幕府は、切り札として足利尊氏を派遣したのである。ところが、尊氏は、幕府の意に反し、後醍醐方に寝返って、京都の幕府の機関、六波羅探題《ろくはらたんだい》を攻め落とした。その後、この足利尊氏や、楠木正成《くすのきまさしげ》、新田義貞《にったよしさだ》らの活躍により、鎌倉幕府は滅亡。後醍醐天皇が自ら政権をとる建武の新政が始まったのである。

後醍醐天皇は、足利尊氏の功績をたたえ、自身の名前である「尊治《たかはる》」から一字を授け、「足利尊氏」を名乗らせる。恩賞も十分に与えたのだが、その代わりに、新政府の機関には一切参加させず、尊氏が希望したという征夷大将軍の地位を授けることもしなかった。最大限の敬意は表しつつも、距離を置き、警戒を怠らなかった、ということである。

一方、大胆な改革を試みた後醍醐天皇の建武の新政は、思うような成果を出せず、武士らの不満は日々高まっていった。新政権に不満を持った武士が、対抗勢力として源氏の足利尊氏を頼り始めたのは、当然の成り行きともいえよう。こうして新政府に不満を持つ勢力の期待を集め、足利尊氏は挙兵する。一度は大敗したのだが、やがて九州で態勢を立て直し、後醍醐政権を追いやることに成功する。そして、一三三八年、待望の征夷大将軍の座につき、室町幕府を開くことになるのである。

一方、後醍醐天皇は、いったん尊氏に降伏して退位した後、京都から吉野に逃《のが》れ、自らの皇位の正当性を主張した（南朝）。しかし、再興の志は半《なか》ばにして、一三三九年、吉野で崩御する。その知らせを受けた足利尊氏は、天皇の怨霊をおそれ、天龍寺を創建して菩提《ぼだい》を弔《とむら》ったという。

この後も、足利尊氏が擁立《ようりつ》した北朝と、後醍醐天皇の南朝とが争う南北朝時代が続いていく。また、室町幕府の内部でも勢力争いが続き、さらに尊氏は弟直義《ただよし》らとも対立することになる。ようやく実弟直義を毒殺することで、ひとまず幕府の内乱を終息させたが、その頃より体調を悪化させ、一三五八年、病没する。この尊氏は、臨済宗《りんざいしゅう》の名僧夢窓疎石《むそうそせき》も、豪勇・慈悲心・無欲の三徳を備えた人物と評した人格者だった。

一方、南北朝の対立は三代将軍足利義満の時代まで続く。尊氏の死後も不安定な政局が続いていくのである。

ボッカチオ▼ルネサンスの先駆けとなった文学者

中世のヨーロッパは、よかれ悪《あ》しかれ、政治、文化、日常生活といったすべての事項が、キリスト教の影響下にあったといってよいであろう。日常の礼拝はもとより、冠婚葬祭などの儀式はすべて教会のもとで行なわれていた。教会から破門された皇帝が、教皇に謝罪した「カノッサの屈辱」と呼ばれる事件や教皇の呼びかけにより聖地奪還のために、国王までが参加してイスラーム勢力に戦いを挑んだ十字軍などは、教会の力の強さを象徴する出来事であったといってよいであろう。美術は聖堂の建築やそれを彩る絵画、ステンドグラスなどの制作により発展し、学問も神学を中心に進められ、知識人はラテン語を共通語としていた。

このような背景の中、十四世紀になると、かつての古代ギリシア、ローマの時代の文化を見直し、中世の、神および教会を中心とした世界観から、新たなる人間中心の世界観、個性を尊重した文芸活動が起こり始める。この運動のことを、「ルネサンス（文芸復興）」と呼ぶ。初期ルネサンスを代表する人物が、『神曲《しんきょく》』を著《あらわ》したダンテ、『叙情詩集』を書いたペ

トラルカ、そしてボッカチオである。

ボッカチオは、一三一三年、イタリアの富裕な商人の私生児として生まれている。後に子として認知され、父によりナポリの地で金融、商業の勉強に励むように仕向けられる。しかし、ボッカチオの関心は、商業には向かなかった。港湾都市ナポリには、各国からさまざまな人や物が集まっていた。彼は多くの知識人と交わり、多くの書籍に触れた。もちろん、その中には古典文学や、個人の体験や感情をおおらかに表現することでルネサンスを先行したダンテの文章なども含まれていた。ボッカチオは、宮廷にまで出入りし、王女とも恋に落ちたという。やがて彼は、これらの貴重な体験と自らの奔放《ほんぽう》な感情の動きをもとに、詩文や小説を書き始めた。やがて二〇代も後半にさしかかった一三四〇年頃、フィレンツェに戻り、貧困と闘いながら、数々の文学作品を発表するのである。

一三四八年、ヨーロッパを恐怖のどん底に陥れた流行病ペストがフィレンツェの町を襲う。この病で、父をも失ったボッカチオは、その体験を生かし、最高傑作を生み出す。『デカメロン（十日物語）』である。ペストを避けるために郊外へと逃れた一〇人の紳士淑女が一夜一話ずつ、一〇夜で百話の話を披露するという物語である。この物語には、さまざまな身分の人間が登場し、滑稽《こっけい》、かつ陽気で、皮肉にあふれ、時に悲劇的でもある。人間の欲望を肯定的に描いたこの名作は、神中心の中世から、人間性を肯定したルネサンス期への移行を確実にした記念碑的作品として文学史上に刻《きざ》まれることとなった。

しかし、ある修道士から、その作品が冒瀆《ぼうとく》的と指摘されるなど、中傷も受けたボッカチオは、すべての作品を焼却しようかとも考えたという。そんな時に支えてくれたのが友人ペトラルカだったが、やがてその友人にも先立たれ、ボッカチオは、健康を害したまま一三七五年、帰らぬ人となったのである。

▼新しい時代を切り拓いた二人の同世代人

最初に鎌倉幕府、次に後醍醐天皇と、自らの仕えていた権力者に刃《やいば》を向け、新しい時代を切り拓いた足利尊氏。人々の姿を自由闊達《かったつ》な文章で描き出し、ルネサンスの先駆者となったボッカチオ。ともに、同時代あるいはその前後の時代の権力者などから、厳しい批判も受けることになったわけだが、最終的には、新しい時代の開拓者として後世に名を残すことになったのである。

能の達人と明の初代皇帝と百年戦争の騎士

観阿弥《かんあみ》
【一三三三～一三八四】

VS

朱元璋《しゅげんしょう》
【一三二八～一三九八】

VS

エドワード黒太子《こくたいし》
【一三三〇～一三七六】

観阿弥 ▼室町時代に能を大成させた父子

室町時代はさまざまな分野で、日本的な文化、芸術が花開いた時代でもある。たとえば、茶《ちゃ》の湯《ゆ》はこの時期、村田珠光《じゅこう》によって始められ、後に千利休が大成する。生花《いけばな》の世界では池坊専慶《いけのぼうせんけい》が出て、池坊華道の祖となる。絵画の世界では水墨画《すいぼくが》が盛んとなり、雪舟《せっしゅう》らが活躍する。狩野派《かのうは》の祖、狩野正信《かのうまさのぶ》が出たのもこの時代である。文学の世界では、宗祇《そうぎ》が出て連歌《れんが》を大成し、連歌は俳諧《はいかい》、俳句へとつながっていく。『御伽草子《おとぎぞうし》』が流行したのもこの時期で、『一寸法師《いっすんぼうし》』、『浦島太郎《うらしまたろう》』などの話が人気を集めた。当時の建築を代表するのが、金閣《きんかく》、銀閣《ぎんかく》であろう。枯山水《かれさんすい》などの手法を使った作庭《さくてい》技術も発達。龍安寺《りょうあんじ》の石庭《せきてい》や西芳寺《さいほうじ》などの庭園は今も人々の心に安らぎを与えている。そして、能《のう》が大成されたのもこの時期である。

息子世阿弥《ぜあみ》とともに能の大成者とされる観阿弥《かんあみ》は一三三三年、鎌倉幕府が滅亡した年に生まれている。その出自《しゅつじ》は明らかでない部分もあるが、伊賀、服部氏族の出であるという。父母の時代、あるいは観阿弥の幼少時に猿楽能《さるがくのう》の大和結崎座《やまとゆうざきざ》に入ったと伝えられている。息子である世阿弥の書いた『風姿花伝《ふうしかでん》』には「この芸において、大方《おおかた》、七歳をもて初めとす。」とあることから、おそらく観阿弥も七歳頃から能を始めたのであろうと思われる。

同じく、『風姿花伝』には「(父、観阿弥は)若い時分には、これからの行く末である年長者の風体《ふうてい》を得、年を経てからは過ぎし方である若者の風体を身に残した」という意味の記述があり、若き頃より能役者としての腕は確かだったようである。また、観阿弥は能作者としても稀有《けう》の才能を持ち、『自然居士《じねんこじ》』などの傑作を残した。さらに、座長としても才覚を発揮。伊賀の農村で旗揚げした後、寺社の多い大和に行き、興行を成功させている。さらに京都進出を企《くわだ》て、一三七四年、今熊野にて将軍足利義満を招いて能を演じたことが大きな転機となる。初めて能を見たという、まだ十代の若き義満は、すっかり能の虜《とりこ》となり、以降、積極的な支援を行なうことになる。息子の世阿弥もこの時は一〇歳前後になっており、ここからの一〇年ほどが観阿弥の絶頂期であった。この頃の観阿弥の姿が『風姿花伝』には「天下の褒《ほう》美《び》、名望を得し事、世もって隠れなし。これ、幽玄無上《ゆうげんむじょう》の風体なり。」と記されている。

観阿弥は、その後も京だけでなく駿河の浅間神社などで能を演じ、絶賛されるが、その直後に生涯を終える。観阿弥の跡は、息子の世阿弥が継ぎ、その芸の道は『風姿花伝』などにまとめられていく。観阿弥のすぐれた点は、最高権力者の庇護《ひご》を受けて、能を大成させただけでなく、それを一部の権力者のみならず、大衆の芸術として多くの人々の支持を得るように活動し、この道を開花させたことにあるといえるであろう。

朱元璋▼貧農の子から托鉢僧、そして皇帝へと転身した男

十三世紀に大勢力を誇ったモンゴル大帝国も十四世紀には、ほころびが見え始める。各ハン国も分裂、衰退の一途を辿り、中国を統一した元王朝も末期の症状を迎えつつあった。政治は乱れ、紙幣の乱発が極端なインフレを呼び、そこに旱害《かんがい》、洪水といった災害が加わり、民衆の不満は極限まで高まっていた。その中で白蓮教《びゃくれんきょう》の信徒を中心とした民衆の反乱が起き、この動きは大きく広がっていく。彼らが目印として紅色の頭巾《ずきん》を着けていたため、この反乱は「紅巾《こうきん》の乱」と呼ばれた。この中から台頭してきたのが朱元璋《しゅげんしょう》である。

一三二八年、朱元璋は貧しい農民の子として、しかも六人兄弟の末子として生まれた。父は小作農だったが家族を支え、幼い朱元璋も家畜番などをして家計を助けたという。そんな厳しい生活を続けていた朱元璋にさらに不幸な出来事が襲いかかる。一家が住んでいた地域に大飢饉《ききん》と伝染病が発生し、父母、そして長兄までもが一度に命を落としてしまう。朱元璋、十六歳の年である。一家は離散し、朱元璋は出家。しかし、当時は寺でさえも僧たちに存分に食べさせる余裕はなく、朱元璋は二カ月も経たずに托鉢僧《たくはつそう》にされ、寺を出された。こうして生きるために托鉢をしながら流浪《るろう》の旅を続けることになる。

一三五一年、紅巾の乱が起こり、翌年、朱元璋のいた地方でも郭子興《かくしこう》が挙兵。朱元璋はこの軍に参加した。彼は、一兵卒として軍功を挙げていき、やがて一〇人の兵の頭《かしら》となる。

二〇代半ばとなっていた彼は、おそらくこれまでの人生の中で初めて人に認められ、人の上に立つようになったのではないだろうか。この時期に郭子興の養女馬氏《ばし》とも結婚している。

その後、彼は故郷に帰り、七百人ほどの部隊を編成し、ますます軍の中で重んじられていく。やがて郭子興とその子が亡くなると、総司令官となり、南京《なんきん》を陥落させ、呉国公となる。

一三五六年、二八歳の年である。

その後も彼は、勢力を拡大し、ついに一三六八年、明《みん》を起こし、初代皇帝洪武帝《こうぶてい》となった。貧農の息子が皇帝にまで上り詰めたのは、漢を建国した劉邦以来のことである。

その後、彼は国内体制の整備にも取りかかる。しかし、彼の改革は、かつての功臣たちを退《しりぞ》け、数万人とも一〇万人超ともいわれる粛清を行ない、皇帝の権力強化を図ることでなし遂げられた。猜疑心《さいぎしん》が強かったという彼は、肉親しか信用できなかったのか、自分の二四人の子を各地の王府に分散し、睨《にら》みを利かせていくようになる。

明王朝は、中央行政官庁である六部《りくぶ》を皇帝直轄とし、強い中央集権体制を作った。さらに里甲制《りこうせい》と呼ばれる自治組織や「賦役黄冊《ふえきこうさつ》(租税台帳)」、「魚鱗図冊《ぎょりんずさつ》(土地台帳)」等を作成し、強固な政治体制を確立した。これにより明は三百年弱も続く王朝となるのである。

エドワード黒太子▼英仏百年戦争で活躍したプリンス・オブ・ウェールズ

一一六年もの長きにわたりヨーロッパを混乱に陥れたのが、英仏百年戦争である。

当時のフランスは西ヨーロッパでも最大の人口を誇る大国であった。一方、イギリスの王はイギリス王であるとともに、フランス王に臣従《しんじゅう》し、フランス国内にも領土を持っていた。

この領土問題と、複雑に入り組んだ婚姻関係が英仏百年戦争の原因となる。一三二八年、フランス王シャルル四世が逝去。彼に嫡子《ちゃくし》はなく、従兄《いとこ》が跡を継いでフランス王フィリップ六世となるが、これに異を唱えたのが、イギリス王、エドワード三世である。彼は母方の血統からすれば前フランス王の甥に当たり、前フランス王との関係でいえば、エドワード三世のほうが新フランス王よりも血縁的に近い位置にあったのである。そこでイギリス王エドワード三世は、フランス王位の継承権を主張。これにイギリス王が持つフランス国内の領土をフランス王が奪おうと画策していた問題が重なり、ついに一三三七年、英仏百年戦争の火蓋《ひぶた》が切って落とされたのである。この王位継承争いの最中の一三三〇年に、イギリス王の長子として生まれたのが、エドワードである。彼は、後に黒い甲冑《かっちゅう》を身につけて戦いに臨んだことから「黒太《こくたい》子《し》」という名で呼ばれるようになる。

エドワード黒太子は十三歳の年に英国皇太子となり、十六歳となる一三四六年には、父とともにフランス領内のクレシーで、戦闘に参加。数のうえではフランス軍がまさっていたといわれるクレシーの戦いであるが、結果はイギリス軍の大勝に終わる。勝因は、エドワード黒太子らの駆使した弓兵

の活躍であった。かつてイギリスは、ウェールズ地方の征服に躍起になっていた時期がある。この時、イギリス軍を悩ませたのが、ウェールズ地方の人々が使う長弓であった。この地を征服したイギリスは、かつて自分たちが悩まされた武器を使い、大国フランスを攻めたのである。

その後、いったん休戦協定が結ばれたが、一三五五年、再度戦争が始まると、翌年にはポワティエで大きな戦闘が起こる。この時も、エドワード黒太子を中心としたイギリス軍が圧倒的な勝利を収め、フランス王を捕虜にすることに成功する。

エドワード黒太子は、このように英仏百年戦争で大いに戦功を挙げていった。その後、彼は、フランスの援助を受けた反乱軍に王位を奪われたスペイン、カステーリャ王を救うため、スペインに遠征し、またもや勝利を得る。その後もいくつかの戦争に参加したが、一三七一年、病のため、イギリスに戻り、それ以降は二度と戦いに出ることはなかった。しばらくの間、国内の内政問題に着手した後、一三七六年、帰らぬ人となったのである。

英仏百年戦争は、エドワード黒太子の活躍により、イギリスが優位に戦いを進めていった。そして、フランスがついに存亡の危機さえ囁《ささや》かれる状態に陥った時、一人の少女のもとに神託が訪れる。ジャンヌ・ダルクである。彼女のもとでフランス軍は勢力を盛り返し、勝利を得ることに成功する。しかし、フランス軍に奇跡の勝利をもたらしたジャンヌ・ダルクは、後に捕虜となり、宗教裁判にかけられ、異端者と宣告され、火刑となり、わずか十九年の生涯を閉じることになる。

英仏百年戦争は、両国の国力を使い果たすという結果をもたらした。イギリスはフランス領内のほとんどの領土を失い、フランスでは諸侯・騎士が没落した。しかし、戦後の混乱の中、フランス王家は商人と結んで財政を立て直し、王権の強化に成功するのである。

▼混乱の十四世紀。日中欧それぞれの時代を代表する男たち

日本で室町幕府が開かれた前年に当たる一三三七年、英仏百年戦争が勃発。エドワード黒太子は若くして戦場に出た。そして、ポワティエの戦いのあった一三五六年は朱元璋が呉国公となった年でもある。一三六八年、朱元璋は明の皇帝となり、その三年後、エドワード黒太子は病となり、イングランドに戻っている。そして、さらに三年後の一三七四年、観阿弥は義満に認められ、彼の能が絶頂期を迎えている。

この時代、ヨーロッパは戦争に明け暮れ、中国も混乱の中にあった。しかし、日本では徐々に室町政権も安定し、さまざまな文化が花開き始めたのである。

応仁の乱の原因となった将軍と大航海で名をはせた男

足利義尚《あしかがよしひさ》
【一四六五～一四八九】

VS

ヴァスコ・ダ・ガマ
【一四六九(?)～一五二四】

足利義尚 ▼その生誕が争いを引き起こし、争いの中に没した男

室町幕府は、三代将軍足利義満の頃、また観阿弥、世阿弥親子が活躍していた頃が、最盛期であった。その後、徐々に有力武将（守護大名《しゅごだいみょう》）らの勢力争いが続き、一揆《いっき》も頻発するようになる。そのような中、猿楽《さるがく》などの遊興に溺《おぼ》れることが多かったという八代将軍足利義政には、跡継ぎとなる男子がおらず、一四六四年、出家していた弟の義視《よしみ》を還俗《げんぞく》させ、後継将軍に指名したのだが、その翌年、妻の日野富子《ひのとみこ》が男子を生み落したのである。その子こそ、後の足利義尚《よしひさ》である。

なんとか実子を将軍としたい日野富子は有力武将山名宗全《やまなそうぜん》

（持豊《もちとよ》）を頼ったが、一方の義視のほうは、管領《かんれい》（将軍の補佐役）の細川勝元《かつもと》を頼った。山名、細川という二大勢力の争いと将軍後継争い、そこに畠山《はたけやま》、斯波《しば》という両管領家の後継争いも加わり、京都で大軍が東西に分かれ大乱が起こった。応仁《おうにん》の乱《らん》である。

教科書などでも必ず取り上げられる有名な応仁の乱であるが、この戦いで勝利を手にしたのはいったい誰なのだろうか？　この大乱は十一年も続き、京の町を混乱に陥れたのだが、勃発から七年後の一四七三年の段階で両軍の主将、山名宗全、細川勝元は揃って死去しているし、西軍の主将、山名宗全の子が東軍に与《くみ》し、当初東軍側にあった足利義視が西軍を頼るようになるなど、もはや対立の構図も変化していた。また、京で争いが起こっているうちに、各守護大名の地元では、代官《だいかん》（守護代《しゅごだい》）や土着《どちゃく》の有力武士（国人《こくじん》）が力をつけ、下剋上《げこくじょう》の風潮が高まってきたため、京を引き上げる武将も多くなった。畠山氏の相続争いなどは続いていくのだが、徐々に大乱は鎮まっていったというのが実際のところである。しかし、結局のところ、誰が八代将軍義政の後継、すなわち九代将軍となったのかといえば、それは足利義尚であった。彼は、乱の最中である一四七三年に八歳で将軍位についたのである。

しかし、八歳の少年に幕政を動かすことなどできるはずもない。しばらくは、母、日野富子や前将軍義政が義尚の後見をしつつ、幕政の実権を握った。そのまま一〇年の時が過ぎ、応仁の乱も終わり、足利義政も東山山荘《ひがしやま》（後の慈照寺《じしょうじ》「銀閣寺《ぎんかくじ》」）に移住する。そうしてようやく義尚は幕府の実権を手に入れたのである。

彼の治世下で名高いのは、鈎《まがり》の陣《じん》（六角征伐《ろっかくせいばつ》）である。幕府に反抗的な態度を示していた近江《おうみ》の守護六角高頼《ろっかくたかより》を征伐するために、一四八七年、六万ともいわれる大軍を率い、近江に出陣したのである。幕府の威信をかけた大軍勢は、すぐに一万数千という六角勢を駆逐、六角高頼には逃げられてしまうも、戦いは幕府側の大勝利に終わる。ここまでは順調であった。しかし、その後、六角を倒すために戦いは長丁場となる。ただ義尚は、鈎の地に御所を移動し、飲酒、荒淫《こういん》に耽《ふけ》るようになる。緒戦《しょせん》を勝利に導いた将軍としての驕《おご》りか、はたまた父、義政の血がそうさせたのであろうか。将軍は遊興に耽り、多くの武将が戦意を喪失する中、六角と親しかった甲賀《こうか》忍者たちが大活躍したのである。彼らは火薬を駆使したゲリラ戦を展開し、幕府軍を大いに悩ませたのである。

一四八九年、陣中、足利義尚は二四歳で病没。世は、かつての守護、守護代らが戦国大名として成長し、多くの武将や忍びの者が活躍する戦国時代となるのである。

ヴァスコ・ダ・ガマ▼インド航路を開拓したポルトガルの航海者

ヨーロッパの西端にあるイベリア半島は、八世紀以来、イスラーム勢力の支配下にあった。しかし、それから約八百年の時をかけ、徐々にキリスト教国であるスペイン、ポルトガルが巻き返しを図り、十五世紀末には、イベリア半島のすべての地をこれらキリスト教国が取り戻すことに成功した。

この時期、スペインやポルトガルでは、イベリア半島のみならず、海を越えてヨーロッパ以外にもキリスト教を布教しようという動きが高まってくる。同時に、大航海に耐えうる航海術や船舶の発展、肉食の普及による香辛料《こうしんりょう》需要の増大、さらには『東方見聞録』などによる東方への関心の高まりが加わり、アジアとの交易、キリスト教の布教を志した大航海時代が一気に幕を開けることになるのである。

一四八八年、ポルトガルのディアスはアフリカの南端、喜望峰《きぼうほう》に到達。また、一四九二年、コロンブス率いるスペイン船がインドを目指して航海し、アメリカ大陸を発見。そしてついに、一四九八年、喜望峰経由で念願のインドへ到達したのが、ポルトガルのヴァスコ・ダ・ガマである。

下級貴族の子としてポルトガル南部で生をうけたという彼の前半生には不明な点も多く、その生年も諸説あるのだが、いずれにせよ、ポルトガル国王の命を受け、四隻の船に乗って約一七〇名の船員を率い、一四九七年七月、彼らはインドへ向け出航、途中、風雨や病に悩まされながら、苦心の末にインドに到達した。同地で香辛料の買いつけなどを行ない、二年以上の歳月を費やし、ポルトガルに戻った時、無事生還していた船員は五五名に過ぎなかったという。

その後、一五〇二年から翌年にかけてインドへの二度目の航海を果たした後、一五二四年にはインド総督に任じられ、三度目となるインドへの旅を行なうも、その年のクリスマス・イブにインドで客死。インドの経営を果たすことはできなかった。

コロンブスによるアメリカ大陸への到達も、ガマによるインド到達も、ヨーロッパの人々にとっては、原材料や金、銀の輸入が拡大し、経済的な発展に大いなる貢献を果たしたのだが、現地の人々にとっては、大いなる不幸の始まりともなった。中南米で繁栄していたアステカ王国、インカ帝国は滅亡し、同地の人々は労働力として酷使された。北米でもやがてネイティブ・アメリカン（インディアン）は居住地を追われることになる。ガマの開拓したインドでも、ヨーロッパの人々は、武力を行使し、多くの血が流れたという。インドの人々にとって、ガマは「侵略者」であり、今も評判は悪いという。

一方、大航海時代の流れの中で、一五四三年、日本の種子島《たねがしま》に漂着《ひょうちゃく》したポルトガル人は鉄砲を伝え、一五四七年、スペイン人のザビエルはキリスト教を伝えた。応仁の乱を契機とした戦国時代に、新たな風を吹き込んだのである。

▼周囲に喜びと争いのタネをまいた二人の同世代人

足利義尚の誕生は、日野富子にとっては喜びのタネであったが、それをきっかけに日本は混迷と戦乱の時代へと向かった。ガマのインド航路発見もヨーロッパの人々にとっては快挙であったが、アジアの人々にとっては、長年にわたるヨーロッパの支配の始まりでもあった。喜びの裏には悲しみが隠れているというのも、歴史の常である。

ちなみに、ガマがインドに到達した一四九八年、レオナルド・ダ・ヴィンチは『最後の晩餐《ばんさん》』を描き上げ、二度目の航海の頃に名作『モナ・リザ』を手がけている。大航海の時代はルネサンスの最盛期とも重なっているのだ。

COLUMN-02

まだまだいるゾ! 同い年＆同世代人!…〈中世編〉

日本	◀VS▶	世界
源頼朝を助けた 鎌倉幕府初代執権 **北《ほう》条《じょう》時《とき》政《まさ》**(1138-1215)	同い年	十字軍を迎え撃った アイユーブ朝建国者 **サラディン**(1138-93)
尼将軍と呼ばれた 源頼朝の妻 **北《ほう》条《じょう》政《まさ》子《こ》**(1157-1225)	同い年	十字軍でも奮戦! 戦いに生きたイギリス王 **リチャード一世**(1157-99)
法華経の功徳を説いた 日蓮宗の開祖 **日《にち》蓮《れん》**(1222-82)	7歳差	中国を統一し元寇を起こした モンゴル帝国五代目ハン **フビライ・ハン**(1215-94)
倒幕勢の勢いに負けた 鎌倉幕府最後の実力者 **北《ほう》条《じょう》高《たか》時《とき》**(1303-33)	1歳差	『叙情詩集』を著した 初期ルネサンスの代表詩人 **ペトラルカ**(1304-74)
室町幕府の全盛期を築いた 三代将軍 **足《あし》利《かが》義《よし》満《みつ》**(1358-1408)	2歳差	明を大きく飛躍させた 三代皇帝 **永《えい》楽《らく》帝《てい》**(1360-1424)
帝のご落胤《らくいん》といわれる 臨済宗の高僧 **一《いっ》休《きゅう》宗《そう》純《じゅん》**(1394-1481)	同い年	大航海時代への道を開いた ポルトガル王子 **エンリケ航海王子** (1394-1460)
応仁の乱で奮戦した 西軍の大将 **山《やま》名《な》持《もち》豊《とよ》**(1404-73)	8歳差	百年戦争で フランスを救った聖女 **ジャンヌダルク** (1412-31)
狩野派の確立に尽くした 幕府御用絵師 **狩《か》野《のう》元《もと》信《のぶ》**(1476-1559)	1歳差	ルネサンスを代表する 画家、彫刻家 **ミケランジェロ** (1475-1564)

[第三章]「近世の日本」と世界

日本 戦国時代〜江戸時代

世界 絶対王政、清〜市民革命

PROFILING-11

▶織田信長 vs エリザベス一世

PROFILING-12

▶真田幸村(信繁) vs ヌルハチ

PROFILING-13

▶徳川家光 vs クロムウェル

PROFILING-14

▶松平定信 vs マリー・アントワネット vs モンロー

PROFILING-15

▶滝沢(曲亭)馬琴 vs ナポレオン

『どろろ』より

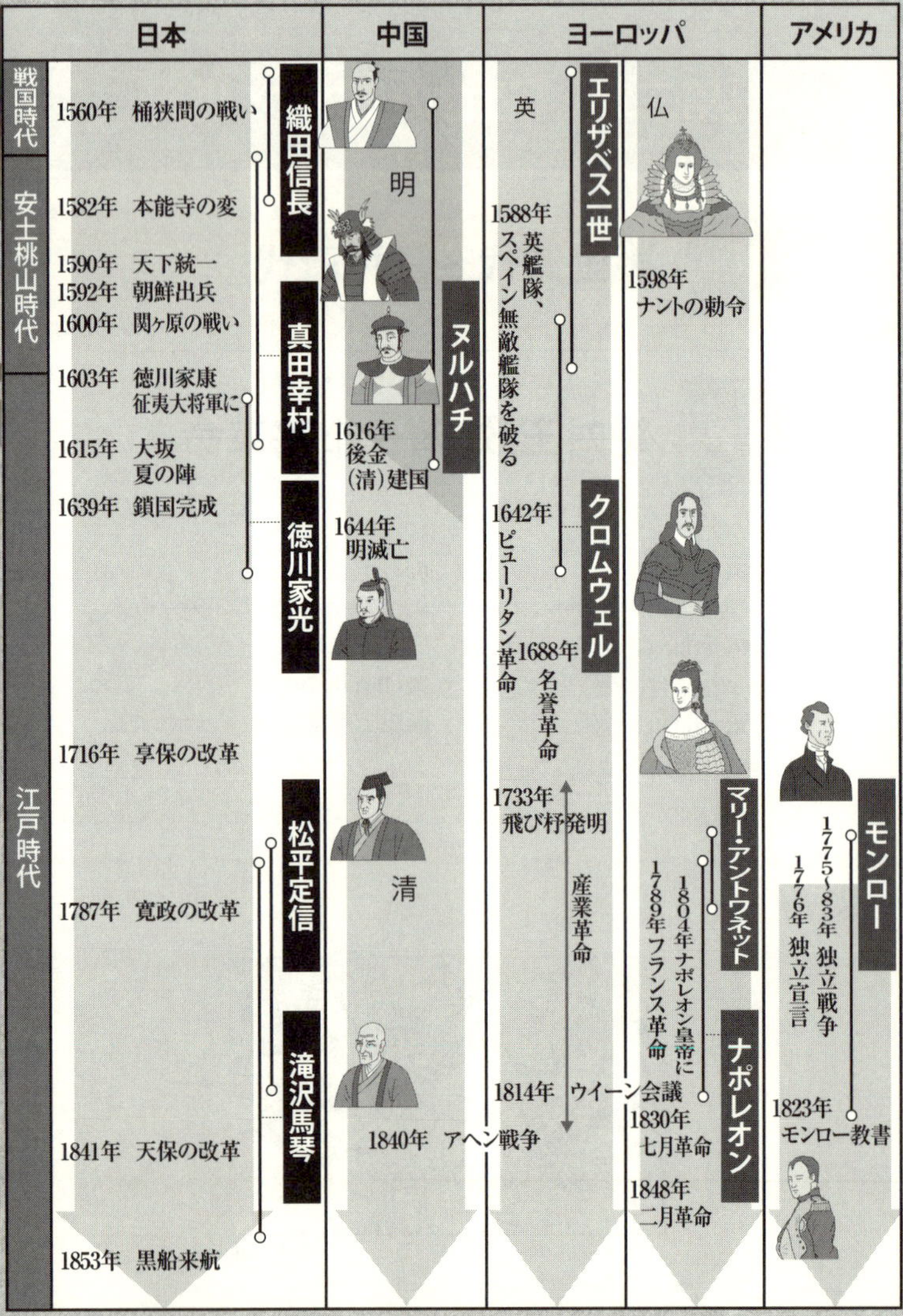
日本
中国
ヨーロッパ
アメリカ
戦国時代
安土桃山時代
江戸時代
1560年　桶狭間の戦い
1582年　本能寺の変
1590年　天下統一
1592年　朝鮮出兵
1600年　関ヶ原の戦い
1603年　徳川家康征夷大将軍に
1615年　大坂夏の陣
1639年　鎖国完成
1716年　享保の改革
1787年　寛政の改革
1841年　天保の改革
1853年　黒船来航
織田信長
真田幸村
徳川家光
松平定信
滝沢馬琴
明
ヌルハチ
1616年　後金（清）建国
1644年　明滅亡
清
1840年　アヘン戦争
英
仏
エリザベス一世
1588年　英艦隊、スペイン無敵艦隊を破る
1598年　ナントの勅令
1642年　ピューリタン革命
クロムウェル
1688年　名誉革命
1733年　飛び杼発明
産業革命
マリー・アントワネット
1789年　フランス革命
1804年　ナポレオン皇帝に
ナポレオン
1814年　ウイーン会議
1830年　七月革命
1848年　二月革命
モンロー
1775～83年　独立戦争
1776年　独立宣言
1823年　モンロー教書

その時…

日本 戦国時代▼江戸時代

世界 絶対王政、清

日本は未曽有の戦乱の世に突入していった（『後藤又兵衛』より）

応仁の乱の後、日本では群雄割拠《ぐんゆうかっきょ》の戦国時代が訪れる。甲斐《かい》の武田信玄《しんげん》、越後の上杉謙信《うえすぎけんしん》、中国の毛利元就《もうりもとなり》など、各地で有力武将が戦いを繰り広げ、領土を広げていた。その中から、一歩抜け出したのが、**織田信長**である。若い頃は「うつけ（愚《おろ》か者）」などと呼ばれていた彼は、さまざまな敵と戦いながら、天下統一まであと一歩というところまで迫る。しかし、彼の勢いもそこまでであった。一五八二年、家臣、明智光秀《みつひで》に本能寺《ほんのうじ》で討たれ、

各地に城ができ、城攻めの攻防も激しくなった。その中で天下を治めたのは、「城攻めの天才」豊臣秀吉であった（ともに『夜明け城』より）

その生涯を終えるのである。信長の跡を継ぎ、天下を統一したのは、豊臣秀吉であった。しかし、彼の死後、再び世は乱れ、最終的には関ケ原《せきがはら》の戦いを制した徳川家康が征夷大将軍となり、二百数十年に及ぶ天下泰平《てんかたいへい》の世の礎《いしずえ》を築いていく。

日本が戦国時代にあった頃、ヨーロッパでは宗教改革が起こっていた。この動きはヨーロッパ中に広がり、いくつもの争いに発展した。イギリスでもカトリックと袂《たもと》を分《わ》かった独自の国教会が生まれている。その中で、カトリック派の人々と争い、苦難の治世を生きたのが、**エリザベス一世**である。イギリスを強くするために独身を貫いた彼女のもと、イギリスは大いなる発展を遂げていく。

日本では、江戸幕府が成立した後も、秀吉の遺児《いじ》、秀頼《ひでより》を擁《よう》した豊臣家は存続しており、やがて豊臣家と徳川家との最終的な決戦の時が訪れる。大坂《おおさか》の陣である。劣勢《れっせい》を伝えられた豊臣方で、鬼神のような活躍をしたのが**真田幸村**《さなだゆきむら》（信繁《のぶしげ》）であった。しかし、奮戦空《むな》し

それから
一か月後
府中藩江戸詰め家老
佐伯甚七郎は
手塚良仙をともなって
江戸城へおもむいた。
若年寄、遠藤但馬守に
ひきあわせる
ためである。

戦国の最終勝者徳川家康は江戸に幕府を開いた
（上）江戸城　（下）赤穂事件の舞台となった江戸城内松之廊下
（ともに『陽だまりの樹』より）

享保の改革で活躍した大岡忠相（大岡越前）
（『丹下左膳』より）

く、大坂城は落城。この時をもって戦国の世は、真に終わりを告げたのである。

その頃、中国でも大きな動きが起きていた。混乱の中、女真《じょしん》（満州）の**ヌルハチ**が起こした国、後金《こうきん》（清《しん》）が力を持ち、やがて中国を統一することになるのである。

その時…
日本 江戸時代
世界 欧米市民革命

江戸幕府では、将軍位を徳川家が世襲。そして、家康の孫に当たる三代将軍、**徳川家光《いえみつ》**の頃、その体制はほぼ形づくられた。参勤交代《さんきんこうたい》や鎖国《さこく》など、江戸幕府特有の制度は、この時期に固められたのである。

一方、イギリスではエリザベスの死後、国王が専制を強め、議会等との対立が強まっていった。この対立はやがて内戦に発展。結果的に国王は処刑され、新しい政府が建てられる。ピューリタン革命である。この一連の動きの中で重要な役割を果たしたのが**クロムウェ**

ルである。その後もイギリスでは王政復古、名誉革命などが起き、混乱の果てに、統治体制は固まっていく。二つの革命を経たイギリスでは、十八世紀に産業革命も起き、世界を主導する大国へと変貌を遂げていくのである。

日本では、徳川幕府の政権が続いていくが、やがて財政面などで支配体制に大きな揺らぎが見え始める。家康の死からちょうど百年の後に八代将軍となった徳川吉宗《よしむね》は、大岡《おおおか》忠相《ただすけ》（大岡越前《えちぜん》）らとともに享保《きょうほう》の改革を行ない、幕政の立て直しを図った。一時的には、改善の兆《きざ》しも見られたが、やがて飢饉なども起こり、世の中には暗雲がたれ込める。そこにさっそうと登場したのが、徳川吉宗の孫に当たる**松平定信**である。寛政《かんせい》の改革を行ない、懸命に幕政の立て直しを図った松平定信であったが、事態が完全に改善されることはなかったのである。

その頃、ヨーロッパとアメリカで、ほぼ同時に大きな動きが起きていた。フランス革命とアメリカの独立である。フランス革命の結果、ベルサイ

マリー・アントワネットとモーツァルトは幼少時に出会っていた？（『ルードウィヒ・B』より）

世界に衝撃を与えたフランス革命。市民は、武器を手にして立ち上がった
（『ルードウィヒ・B』より）

ユ宮殿を出て捕らわれの身となった王妃**マリー・アントワネット**は、やがて断頭台《だんとうだい》へその身をゆだねることになる。

一方、アメリカでは独立運動が起こっていた。若き頃、独立戦争にも参加した**モンロー**は、やがて独立を果たした合衆国の五代目の大統領となり、アメリカとヨーロッパの相互《そうご》不干渉《ふかんしょう》を宣言していく。

その頃、江戸幕府治世下の日本では、独自の文化が栄えていた。歌舞伎、人形浄瑠璃《じょうるり》などの芸能、浮世絵などの絵画《かいが》、さらには俳諧《はいかい》、近世小説などの文芸も大いに繁栄したのである。かつて、文化は貴族や武士など、支配者階級のもとで発展していた。しかし、江戸中期以降、庶民を担《にな》い手とした文化が栄えるようになったのである。江戸時代の文化を担った人物の一人に**滝沢（曲亭《きょくてい》）馬琴《ばきん》**がいる。大人気を誇った傑作『南総里見八犬伝《なんそうさとみはっけんでん》』は、人々の心に感銘を与え、二八年もの歳月をかけてようやく完結することになる。

フランス革命の後も、フランスの政権は安定しなかった。その混乱の中で軍事的な英雄**ナポレオン**が現われる。強靭《きょうじん》な軍隊を率いた彼は、ヨーロッパ大陸をほぼ手中に入れ、ヨーロッパの地図を塗り替えていった。

江戸幕府治世下の日本人は天下泰平の世を堪能していた
（『陽だまりの樹』より）

互いの才能を認め合ったベートーベンとモーツァルト（『ルードウィヒ・B』より）

戦国時代の覇者とイギリス絶対王政を築いた処女王

❖……織田信長《おだのぶなが》【一五三四〜一五八二】

VS

❖……エリザベス一世【一五三三〜一六〇三】

織田信長▼天下統一にあと一歩と迫った戦国の覇王

応仁の乱の勃発を機に、日本は未曽有《みぞう》の戦国時代へと突入した。群雄割拠《ぐんゆうかっきょ》の混沌《こんとん》の中から、一歩抜け出したのが、織田信長《おだのぶなが》である。

織田信長は、一五三四年、尾張《おわり》（愛知）守護代の一族、織田信秀《のぶひで》の嫡男《ちゃくなん》として生まれている。当時の尾張守護代の家柄は、下尾張を統括する清洲《きよす》織田家と上尾張を治める岩倉織田家の二つに分かれ、対立していた。信長の父、信秀は、守護代の一族とはいえ、清洲《きよす》織田家の重臣の一人にすぎなかったのである。しかし、信秀は経済感覚等にすぐれ、やがて主家を圧倒するばかりの成長を遂げていく。信長は、尾張を制する守護代の傍流の生まれでありながら、父の才覚により実家が徐々に力をつけつつあるという環境下に育ったのである。若き頃は奇抜《きばつ》ないで立ちで町を徘徊《はいかい》するなどの奇行《きこう》が目立ち、人々は「うつけ」と呼んでいたという。しかし、そのうつけが、乱世に終止符を打つべく大活躍をすることになるのである。

一五五二年、父の急死により十八歳で家督を継いだ信長は、その後、七年の歳月をかけて一族の争いを制し、ほぼ尾張一国を手中に収めた。しかし、安堵《あんど》の間もなく、翌一五六〇年、駿河《するが》・遠江《とおとうみ》の大大名《だいだいみょう》、今川義元《いまがわよしもと》が、大軍勢を率い、尾張へ侵攻してきたのである。その兵数は諸説あるも二万から二万五千程度といわれている。対する織田軍はその十分の一ほどの二～三千である。圧倒的に不利な状況下、信長は、天候や地形も味方にして敵方の隙をつき、見事、桶狭間《おけはざま》の戦いで義元を討ち取った。天下に織田信長の名が大きく知れわたった瞬間である。

その後、信長は隣国、美濃《みの》（岐阜）を攻略。足利将軍家の足利義昭《よしあき》を奉じて一五六八年に入京し、彼を十五代将軍に擁立したのである。これ以降、信長は「天下布武《てんかふぶ》」をかかげ、対立する大名らと戦い、勢力を広げていった。信長を支えていたのは、木下藤吉郎《とうきちろう》（後の豊臣［羽柴《はしば》］秀吉）、明智光秀《あけちみつひで》、柴田勝家《かついえ》といった優秀な家臣たちや、同盟関係を結んだ三河《みかわ》の大名、徳川家康などであった。

織田信長は、ポルトガル人の伝えた鉄砲の価値をいち早く認め、実戦に大量に導入したり、ポルトガル人宣教師たちと交流を持ち、西洋文物《ぶんぶつ》を学んだりして進取の気性に富んでいた。しかし、反抗の姿勢を見せる者には、たとえ古来より続く宗教勢力であっても容赦をしなかった。とくに仏教勢力とは正面から対決、石山（大坂）の本願寺と十一年にわたり抗戦したり、比叡山延暦寺《ひえいざんえんりゃくじ》を焼き討ちし、数千人を殺害したりした。なお、武田家一門をかくまった罪で恵林寺《えりんじ》の高僧、快川紹喜《かいせんじょうき》を寺とともに焼き払ったことが、明智光秀の心に怒りの火をつけ、謀反を決意させたのだと唱える人もいる。快川紹喜は、寺が火に包まれた時、「心頭滅却《しんとうめっきゃく》すれば火もまた涼し」と言って焼死した逸話で有名な人物である。

そんな信長も、天下統一まであと一歩と迫ったところで、一五八二年、重臣の明智光秀の裏切りに遭《あ》い、本能寺で命を落とした。満四八歳の年のことであった。これ以降、中国地方から大急ぎで駆け戻って、明智光秀の軍勢を破った羽柴（豊臣）秀吉が巧みな戦略で主導権を握り、一五九〇年、天下を統一する。本能寺の変のわずかに八年後のことであった。

エリザベス一世▼宗教改革の嵐の中で政治体制の確立に努めた女王

エリザベス一世は一五三三年、イギリス王ヘンリ八世の子として生まれている。異母姉にメアリ一世、異母弟にエドワード六世がいる。メアリとエリザベスは、庶子《しょし》扱いされたため、父の死後は弟のエドワード六世が王となったが、彼は満十六歳の年に死去。次には姉のメアリ一世が即位した。その頃、貴族の反乱計画に関与したとされ、エリザベスは一時ロンドン塔で幽閉生活を送ることとなる。しかし、メアリ一世も在位わずか五年で逝去《せいきょ》したため、今度はエリザベスが二五歳にして即位することとなったのである。

若くて美しかった彼女のもとには、政略的な意味も含めて多くの求婚者が現れた。しかし、彼女は「すでにイギリスと結婚している」と公言し、生涯独身を通した。エリザベス一世は巧みな外交政策、経済政策をとり、イギリスに黄金時代を築いていった。

そんな彼女の生涯には、宗教との戦いがつきまとっている。当時のヨーロッパは、宗教改革の渦中《かちゅう》にあった。エリザベスの生まれる十六年前の一五一七年、ドイツのルターが贖宥状《しょくゆうじょう》（免罪符《めんざいふ》）などを非難した九十五カ条の論題を発表したこと

が契機となり、各地で旧教徒（カトリック）と新教徒（プロテスタント）の争いが起こっていたのである。ただ、イギリスでは一風変わった形で宗教改革が進行していた。彼女の父ヘンリ八世は、自身の離婚を認めないカトリックのローマ教皇に対抗し、新しく国王を首長とするイギリス国教会を始めたのである。次のエドワード六世の時代には、その教義面での改革が進んだのだが、その次のメアリ一世は、夫であるスペイン王フェリペ二世とともに敬虔《けいけん》なカトリック信者であり、プロテスタント教徒を処刑するといった、これまでとは逆の政策をとった。イギリスは旧教（カトリック）と新教（プロテスタント）との間で、大きく揺れていたのである。

そこに登場したエリザベスは、カトリックと距離を置き、父の起こした国教会の制度の確立に尽力したのである。しかし、彼女は他の宗派の人々にも、絶望感から反乱を起こさせないような絶妙のバランスをとりながら、政局を運営していった。

一五八八年、歴史の大きな転換ともいわれる事件が起こる。オランダの独立を支援したイギリスに対し、スペイン王フェリペ二世が無敵艦隊を送り、海戦を仕掛けてきたのである。この無敵艦隊は、かつてレパント海戦でオスマン帝国海軍を壊滅させ勇名《ゆうめい》を馳《は》せた強力な艦隊である。無敵艦隊を派遣したフェリペ二世は、かつてメアリ一世と結婚し、一時期イギリスをカトリック色にした人物であり、メアリ一世の死去後も引き続きイギリスをカトリック国にすることに情熱を持っていたのである。しかし、イギリス国教会派のエリザベス一世の支配体制がより強固になったことで、イギリスが平和裏にカトリック教国になることは不可能となった、と悟ったのであろう。そんな事情もあり、フェリペ二世は、自慢の無敵艦隊を派遣したのである。

世紀の一戦はエリザベス一世の勝利で幕を閉じる。スペイン無敵艦隊を撃破したエリザベス一世は、やがて、東インド会社を築き、東南アジアとの貿易を積極的に行なうなど、イギリスの発展に大きく寄与。絶対王政といわれる王権の強い政治体制を確立していくのである。

▼旧来の宗教勢力とも戦った一つ違いの二人

天下統一まであと一歩というところまでこぎつけながら本能寺で命を落とした織田信長。苦心の末、イギリスを統治し、国力の充実に力を発揮したエリザベス一世。二人はわずかに一歳違いの同世代人である。二人の生涯には、大きな力をつけていた旧来の宗教との戦いが重要な位置を占めていたことも共通点として挙げることができよう。

大坂の陣で活躍した武将と清朝初代皇帝

真田幸村《さなだゆきむら》（信繁《のぶしげ》）
❖……【一五六七～一六一五】

VS

ヌルハチ
❖……【一五五九～一六二六】

真田幸村▼戦国の世を駆け抜けた日本一《ひのもといち》の兵《つわもの》

織田信長の跡を受けた豊臣秀吉は、一五九〇年、天下統一をなし遂げた。しかし、彼の野望は日本国内にとどまらず、一五九二年からの文禄《ぶんろく》の役《えき》と一五九七年からの慶長《けいちょう》の役《えき》の二度にわたり朝鮮へと出兵している。この戦いは、李舜臣《りしゅんしん》率いる朝鮮水軍の活躍、明《みん》の援軍などもあり、日本軍は大苦戦をしいられた。しかし、戦いは秀吉の死によって終わりを告げ、二年後の関ヶ原の戦いを制した徳川家康が天下を手中にした。このような激動の時代にあって、異彩ともいえる輝きを放った武将がいた。真田幸村《さなだゆきむら》である。

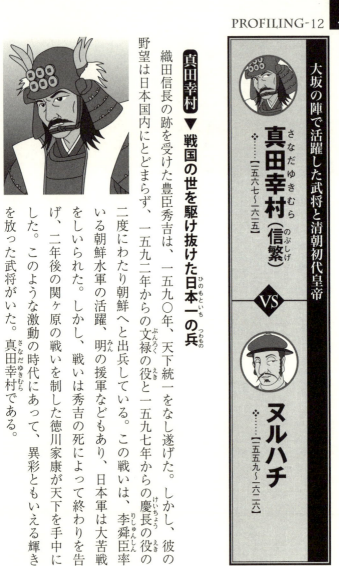

真田幸村は一五六七年、武田方の武将真田昌幸《まさゆき》の次男として生をうけている。本名は信《のぶ》繁《しげ》であり、彼の名を「幸村」とする良質な史料は残されていないが、本書では、通説に従い、幸村名で通すこととする。

真田家は、攻防激しい戦国の世にあって、武田から徳川、やがて豊臣へと主君を変えた。幸村は、その過程で人質としての暮らしも経験している。戦国の世において大勢力とはいえない武将が生き抜くには、並大抵《なみたいてい》でない苦難と努力が必要な時代だったのである。そんな真田家に重大な選択が迫られる時が来た。関ヶ原の戦いである。天下分け目のこの一戦で、どちらの側に与《くみ》するか、それはお家の存亡を賭けたものとなる。

幸村の父、昌幸は、ここで苦渋《くじゅう》の選択をした。長男、信之《のぶゆき》は徳川家康率いる東軍に、自分と次男、幸村は石田三成《みつなり》率いる西軍に加勢するというものである。どちらが勝っても真田家は生き残るわけだが、親兄弟が敵味方に分かれて争うことになり、どちらか一方は死する可能性が高い。まさに究極の選択であった。

なお、真田昌幸、幸村父子は、関ヶ原には出陣せず、居城の上田城に籠城《ろうじょう》した。徳川家康の息子、秀忠《ひでただ》(後の二代将軍)は関ヶ原へ向かう途中、上田城を大軍で攻めるが、ついに落とすことができなかった。この結果、秀忠は関ヶ原の合戦に間に合わず、真田家は大いに武名をあげたのである。しかし、戦いは東軍側が勝利する。このため、西軍に属していた昌幸、幸村父子は、高野山《こうやさん》に流された。後に山麓《さんろく》の九度山《くどやま》に移るも、その地で、父の昌幸は没してしまう。

関ヶ原の戦いを制した家康は三年後に征夷大将軍となり、江戸幕府を開く。こうして天下は徳川のものとなったが、まだ大坂城には、豊臣秀吉の遺児《いじ》、秀頼《ひでより》とその母、淀殿《よどどの》が健在であった。秀吉恩顧《おんこ》の武将も多数おり、あなどれない存在である。そこで家康は、豊臣家を挑発。すると豊臣方は浪人等を集め、抗戦の構えをとる。この時、真田幸村は大坂城へと招かれた。天下の堅城、大坂城に入った幸村は、城の唯一の弱点を見抜き、城外に真田丸《さなだまる》という出城《でじろ》を築き、防戦体制を固めた。一六一四年、大坂冬の陣が始まると、真田幸村は獅子奮迅《ししふんじん》の活躍を見せる。徳川方の犠牲者の八割が真田丸での戦いによるものという説もあるくらいだ。ただ、まもなく豊臣、徳川両陣営の間で和議が結ばれ、真田丸は壊され、講和条約に従って大坂城の堀も埋められた。

翌年、徳川家康は、裸城《はだかじろ》となった大坂城を再度攻める。大坂夏の陣である。真田幸村は、劣勢の豊臣方の中にあって、死を覚悟して家康の本陣に突入を繰り返した。ついには、家康本人のすぐそばまで迫り、その首まであと一歩となったのだが、残念ながら戦死してしまう。しかし、その見事な戦いぶりから「日本一《ひのもといち》の兵《つわもの》」と称されることとなったのである。

ヌルハチ ▼大清帝国繁栄の礎《いしずえ》を築いた男

豊臣秀吉による朝鮮出兵は失敗に終わったが、そのことが中国東北地方における新たな勢力の台頭を誘引した。また、大航海時代を主導したポルトガルの繁栄は、偉大なる男の生涯にも大きな影響を与えていく。一見関係ないと思われる他地域の出来事が、実は別の地域の歴史を動かす力にもなっているのである。

中国東北地方には、女真《じょしん》（女直《じょちょく》ともいう。後の満州《まんしゅう》）という人々が住んでいた。かつて宋と争い、モンゴル帝国によって滅ぼされた金の末裔《まつえい》である。彼らは明の支配下にあり、薬用人参や毛皮の入貢《にゅうこう》、交易などを行なっていた。しかし、十六世紀末になると、明の治世に動揺が見られる。ほぼ同時期にモンゴル人と苗《ミャオ》族の反乱、そして豊臣秀吉による朝鮮出兵が起こり、これに対応しなければならなくなったのである。明王朝は、朝鮮の動乱を鎮圧するため、東北部にあった軍を朝鮮へと派遣。これによって東北部の守りが手薄になった。

これに乗じて頭角を現したのが女真のヌルハチである。

当時の女真は、海西《かいせい》、建州《けんしゅう》、野人《やじん》の三つに分かれていたが、アイシンギョロ（愛新覚羅）・ヌルハチは、一五五九年、このうちの建州女真の家に生まれている。一五八三年、祖父と父を戦争で亡くすと、実家の再興を託される。まだ二〇代半ばの時である。ヌルハチは、当時、明の東北部における総兵官であった李成梁《りせいりょう》の後押しもあり、徐々に頭角を現し、建州女真の長となる。その後は、明の配下にあって、モンゴルの反乱などでも活躍するようになる。

しかし、秀吉の朝鮮出兵に関わる動乱、李成梁の隠退などによって明が衰退したことが、彼を女真の統一、明からの独立へと駆り立てた。見事、女真の統一を果たした彼は、一六一六年、女真の国、アイシン（金の意で『後金《こうきん》』とも呼ばれる）を建国し、初代皇帝（太祖《たいそ》）となった。日本で大坂夏の陣があった翌年である。

明は、台頭してきたヌルハチらに対し、一〇万という大軍を派遣するが、一六一九年、サルフの戦いで敗北を喫する。ヌルハチ軍は一万強とも六万ともいわれているが、いずれにせよ、圧倒的な劣勢をはね返して勝利をものにしたことは間違いない。この戦いは明清《みんしん》交替の関ヶ原とも呼ばれ、その後の状勢を決める戦いとなった。しかし、これまで破竹の勢いで戦ってきたヌルハチ軍も、一六二六年、寧遠城《ねいえんじょう》の戦いで明軍に不覚をとる。この戦いで明軍が初めて用いたポルトガルの大砲（紅夷砲《こういほう》）が威力を発揮したのだという。同年、ヌルハチはこの世を去る。この時に受けた傷が原因ともいわれている。大航海の果てにアジアへ到達したポルトガルのもたらした兵器が、ヌルハチの人生に大きな影響を与えたわけである。

ヌルハチの跡は、子のホンタイジ（太宗《たいそう》）が継ぎ、国名を清《しん》と改める。一方、明は反乱の勃発により一六四四年、滅亡。清は、かつての明の武将を取り込み、反乱軍を倒すなどして、支配を中国全土に広げていったのである。こうして日本の江戸幕府開府からやや遅れて建国した清は、明と同じく紫禁城《しきんじょう》で政務をとるなど、中国王朝の伝統を引き継ぐ姿勢を見せながら、辮髪《べんぱつ》など、女真（満州）の習俗を強制するといった二面性を持った支配体制を築く。これが約三百年にわたる大帝国の始まりである。

▼戦に生き、戦に散った兵たち

上田城の攻防で父、昌幸とともに徳川秀忠の大軍を釘づけにした真田幸村、サルフの戦いで明軍を破ったヌルハチ。ともに兵力では圧倒的に劣勢でありながら、持ち前の気概と智謀で勝利を手にした兵《つわもの》であった。しかし、真田幸村は大坂の陣で善戦しつつも戦死を遂げ、ヌルハチも戦いの途上で命を落とす。戦に生き、戦に散った同世代の二人であった。

生まれながらの三代将軍とピューリタン革命指導者

徳川家光《とくがわいえみつ》

❖……【一六〇四～一六五一】

VS

クロムウェル

❖……【一五九九～一六五八】

徳川家光 ▼徳川二六〇余年の基礎をつくった将軍

二代将軍徳川秀忠《ひでただ》と正室《せいしつ》、江《ごう》との間には、二人の男子がいた。兄は竹千代《たけちよ》、弟は国松《くにまつ》といった。しかしこの時代はまだ兄が、跡継ぎとなるとは決まっていなかった。秀忠と江は、弟の国松のほうを可愛がり、後継者にしようと考えるようになった。その理由には、竹千代が内向的で、男色、女装、踊りに興味を示すなど、将軍としての資質に疑いが持たれたからとか、乳母《うば》であるお福（春日局《かすがのつぼね》）が竹千代を独占していたため、といったものが伝わっているが、定かではない。

このままでは、三代将軍の座は危ういと考えたお福は、密かに駿府《すんぷ》にいた家康に直訴《じきそ》。やがて家康は江戸に出て、「長幼《ちょうよう》の序《じょ》」を示し、竹千代が後継となるべく便宜を図った。家康のはからいにより、次期将軍は決定されたのだ。その徳川家康も、大坂夏の陣で豊臣家を滅亡させた翌年の一六一六年、静かに死去している。

一六二〇年、兄弟は揃って元服《げんぷく》し、竹千代は家光《いえみつ》、国松は忠長《ただなが》と名乗る。その三年後に家光は征夷大将軍となる。この時、家光は諸大名を前に「我が代に及びては生まれながらの天下である。今までとは格式も変わると心得よ」と宣言したという。戦国の世を生きた家康や秀忠は、かつては諸大名と同様に弓矢をとり、その優劣を争っていたこともあった。しかし、戦国の世が終わってから生まれ育った家光は、いわば「生まれながらの将軍」であり、大名は生まれながらにその家臣である。その覚悟をしろ、といった意味である。

その後しばらくは、存命であった二代将軍秀忠が実権を握っていたが、一六三二年、その秀忠も逝去。実権は家光に移った。そして、その翌年、家光は、弟、忠長の領地を没収して、幽閉。同年、忠長は自害する。その理由は、忠長の乱行がひどかったためとも、かつて父母の寵愛を一身に受け、自身の将軍就任の際の障害になった恨みとも、将軍権力強化のために対抗勢力を抹殺したためともいわれている。

また、家光の代には、武家諸法度《ぶけしょはっと》を改定して、大名の妻子は江戸に人質《ひとじち》として置き、大名は一年ごとに江戸と国許《くにもと》とに交代で暮らすという参勤交代《さんきんこうたい》を義務化した。これにより、各大名は毎年、多大な費用をかけて大名行列により往復させることとなる。

さらに、家光の代にはキリスト教を禁じる禁教令が徹底された。そして、一六二四年にはスペイン、一六三九年にはポルトガル船の来航を禁止。以降、幕末まで西洋とのつながりはオランダと長崎の出島で行なう交易だけに限られるようになった。ところで、なぜ、キリスト教の布教のみならず、スペインやポルトガルとの貿易までもが禁じられたのだろうか？　その理由は、いくつか考えられるが、先述の通り、八〇〇年以上かけ、国土をイスラーム勢力から取り返したスペイン、ポルトガルが、キリスト教の布教なくして交易だけするのをよしとしなかったこと、アジア、アメリカ等におけるスペイン、ポルトガルの評判が悪かったことの二点をここでは指摘しておこう。

一六五一年、家光はこの世を去る。彼の時代に幕藩体制の基礎はでき、経済も安定し、文化も栄え始めた。松尾芭蕉《まつおばしょう》、井原西鶴《いはらさいかく》らが誕生したのが、家光の晩年の頃である。

クロムウェル▼ピューリタン革命を指導した護国卿《ごこくきょう》

一六〇三年、江戸幕府が開かれた年、イギリスではエリザベス一世が死去している。その後は、遠縁《とおえん》にあたるスコットランド王がジェームズ一世として即位することになる。彼と、その跡を継いだ子のチャールズ一世は、国王の専制を強めたため、議会との対立が激しくなった。また、国教主義を強化したため、ピューリタン（清教徒）と呼ばれるカルヴァン派新教徒《プロテスタント》の反発も強くなっていった。この対立は、王を支持する王党派と、議会を支持するピューリタンが多数を占める議会派との内戦にまで発展する。この戦いの中で頭角を現してきたのが、オリヴァ・クロムウェルである。

　クロムウェルは、一五九九年、ジェントリ（郷紳《きょうしん》）と呼ばれる平民地主層の家に生まれている。ケンブリッジ大学に進学するも、満十八歳の年に父が死去。中退して帰郷し、所領の経営にあたり、一六二八年、庶民院（下院）議員に選出されている。このあたりまでは、名士とはいえ、世界史に名を残すような人物ではなかったといえよう。

　しかし、一六四二年、王党派と議会派の内戦が起こり、ピューリタン革命が始まると、彼は、ピューリタンとしての信仰心、結束心が高く、軍律にすぐれた軍隊を組織。後に「鉄騎隊」と呼ばれるこの軍隊は、勇敢に戦い、議会派に勝利を

もたらす。ついに、一六四九年、国王チャールズ一世は処刑され、共和政が打ち立てられる(ピューリタン革命)。イギリスの歴史の中で、国王が裁かれ公開処刑とされたのは、後にも先にもこの時だけである。

その後、クロムウェルは、アイルランドやスコットランドへ出兵、反対勢力を抑えるとともに、貿易上で対立があったオランダともイギリス・オランダ戦争を起こしている。政権は徐々に軍事独裁的なものとなり、一六五三年、議会を解散し、終身護国卿《ごこくきょう》となる。

この時代、日曜(安息日《あんそくにち》)には居酒屋は閉められ、聖書に親しむようにさせる等、日常生活にまで入り込んだ厳格なピューリタン的社会政策が強行され、国民の不満を招いた。

自身を取り巻く空気に不安なものを感じつつも、クロムウェルは、一六五八年、後継に子のリチャード・クロムウェルを指名して他界する。しかし、第二代護国卿となったリチャードには、父のような能力も、人望も備わってはいなかった。議会の信任を失い、わずかに八カ月で辞任する。その翌年、亡命していた前王チャールズ一世の子、チャールズ二世が王として迎えられた。こうして王政が復活した翌年の一六六一年、ウェストミンスター寺院に葬られたオリヴァ・クロムウェルの墓はあばかれ、彼の遺体は絞殺《こうさつ》されることになったという。

その後、イギリスでは、王政復古を遂げたチャールズ二世とそれに続く弟のジェームズ二世が、またも専制的な志向を示し、さらにカトリックを擁護したことから反発を招く。議会はオランダ総督であり、王の血族であるウィレム三世と妻のメアリを招く。身の危険を察したジェームズ二世がフランスに亡命したため、無血のまま革命が成功（名誉革命）。以降、イギリスでは、議会主権に基づく立憲王政が確立されることになる。

▼武力で手にした政権を子孫に移譲する難しさ

武力を背景にした政権は往々《おうおう》にして短命に終わる。信長は志半ばに倒れ、秀吉も子に政権を譲ったが長続きしなかった。クロムウェルの場合も、一代にして独裁政権を築くことはできたが、子への権力移譲に失敗している。

そのような中、争いのない世を希求した多くの人々の願いを受けて、江戸幕府成立後に誕生した「生まれながらの将軍」家光が権力の座に就任。泰平の世にふさわしい体制を確立できたために、ようやく徳川幕府は十五代二六五年に及ぶ栄華を保つことができたわけである。

PROFILING-14

寛政の改革の指導者と革命に散った王妃とアメリカ第五代大統領

松平定信《まつだいらさだのぶ》
❖……【一七五八～一八二九】

VS

マリー・アントワネット
❖……【一七五五～一七九三】

VS

モンロー
❖……【一七五八～一八三一】

松平定信 ▼幕政改革を行なった聡明な老中首座

江戸幕府が開かれて百年以上も経つと、幕政にもうまく機能しなくなってくる面が出てくる。そのため江戸時代の中期以降は財政面などに関する幕政改革が次々と行なわれた。

有名なのがTV時代劇の「暴れん坊将軍」のモデルにもなった八代将軍徳川吉宗《よしむね》の享保《きょうほう》の改革である。株仲間《かぶなかま》を公認し、産業の振興に努め、上《あ》げ米《まい》として大名から米を上納させたり、農民に増税したり、目安箱《めやすばこ》を設けたりといった改革は一定の効果を上げ、吉宗は中興《ちゅうこう》の英主《えいしゅ》とも呼ばれた。

その後、田沼意次《たぬまおきつぐ》の時代には、商業を重視する政策を展開

したが、浅間山《あさまやま》の噴火、そして天明《てんめい》の大飢饉などにより、社会不安が増大していった。天明の大飢饉は、特に東北地方で被害が激しく、仙台藩だけでも三〇万人が餓死したといわれる。しかし、その東北地方にあって、一人も餓死者を出さなかった藩があった。白河藩《しらかわ》である。時の白河藩主は松平定信《さだのぶ》。八代将軍吉宗の孫に当たる人物である。

松平定信は一七五八年、吉宗の第二子に当たる田安宗武《たやすむねたけ》の第七子として、江戸城北の丸に生まれている。幼き頃より学問にすぐれ、また弓や能楽などの芸事も愛したという。一七七四年、白河藩主松平定邦《さだくに》の養子となり、養父の隠居により一七八三年藩主となった。この養子縁組は当時幕府内で権力を保持していた田沼意次の意向によるものといわれている。松平定信は幼き頃より聡明《そうめい》な人物として知られており、家柄《いえがら》からも次期将軍になる可能性もあった。「もし有能な人物が将軍となれば、自身の幕府内での権力が危うくなる」と恐れた田沼意次が先手を打ったのだという。

定信が白河藩主となった年は、天明の大飢饉がひどい状況で、彼は他藩からの食糧の買い付けや飢饉に備えて米穀を貯蔵させるための郷蔵《ごうぐら》の設置などを行なったほか、質素倹約《しっそけんやく》、文武奨励《ぶんぶしょうれい》、そして農業振興などを中心とした藩政改革を進め、世にその名を知らしめた。彼の評判は、田沼意次の失脚や相次ぐ災害で混乱に陥っていた幕府内でも高まり、老中《ろうじゅう》に続いて老中首座《しゅざ》にもなり、中央政府で権力を握ることとなる。

寛政《かんせい》の改革と呼ばれる彼の改革では、田沼時代の商業重視を改め、農村振興、質素倹約を旨とし、御家人救済のための棄捐令《きえんれい》の公布、町費の積立による貧民救済制度である七分積金《しちぶつみきん》の設置、寛政異学の禁と呼ばれる学問統制などを行なった。彼は、白河藩主時代に、食事は朝夕が一汁《いちじゅう》または一菜《いっさい》、昼が一汁一菜と決め、衣服は木綿《もめん》のみとするなど、自らが質素倹約の範を示したが、老中となってからも、そのような生真面目《きまじめ》な姿勢で政権を執《と》り続けたのである。前時代に政権を握っていた田沼意次の政治とは、正反対ともいえるスタイルであり、そのギャップを感じた民衆も多かったと思われる。一説には、自分の養子縁組を画策し、将軍職への夢を断ち切らせた田沼への恨みから、彼とは正反対の政治を行なったともいわれている。

寛政の改革は一定の成果をあげたものの、彼の儒教的な理想主義に彩られた政治には、反発も大きく、厳しい統制などの政策に対し、商人をはじめとした民衆の不満は次第に高まっていった。「白河の　清きに魚の　住みかねて　もとの濁《にご》りの　田沼恋しき」という歌がこの時代に庶民の口《くち》の端《は》にあがっていたともいわれている。やがて定信は一七九三年、老中職から退位。その後も藩政には携《たずさ》わっていくものの、一八一二年に家督を譲り、引退する。引退後は、白河楽翁《しらかわらくおう》と号し、学問と文芸に勤《いそ》しみ、「定信」の二文字を分解して書名とした自叙伝『宇下人言《うげのひとこと》』や随筆『花月草紙《かげつそうし》』など、多くの書籍を遺している。

マリー・アントワネット▼世紀の政略結婚が生んだ悲劇のフランス王妃

マリー・アントワネットは、一七五五年、オーストリアのウィーン、ホーフブルク宮殿で産声《うぶごえ》をあげた。母はハプスブルク家の家督を継いだ女帝、マリア・テレジアである。マリー・アントワネットは、やや鷲鼻《わしばな》で、下唇が少し突き出ているというハプスブルク家の身体的特徴を備え、女帝の第十五子として生まれたのである。

ハプスブルク家は、十五世紀から神聖ローマ皇帝位を世襲し、神聖ローマ帝国（ドイツ、オーストリア等）に君臨した名家である。十六世紀の初めにはオーストリア、ハンガリー、そしてスペインまでを領土とした、日の沈まぬ大帝国を築いていた。そしてマリア・テレジアの時代、ハプスブルク家最大のライバルとも称されるフランス、ブルボン王朝に嫁いだのが、まだ十五歳の末娘、マリー・アントワネットであった。彼女が嫁いだのは、当時フ

国王ルイ十六世は　こっそり
オーストリアやプロイセン　その他
外国をけしかけてフランスをわざと
攻撃させて
パリを占領させ　革命派を
一気につぶしてしまおうと企んだ
なぜなら王妃はオーストリア皇帝の妹
マリー・アントワネットだったからである
名門ハプスブルグ家からフランスのブルボン王朝へと嫁いだマリー・アントワネット（『ルードウィヒ・B』より）

ランス皇太子であったルイ十六世。彼は四年後にフランス王として即位。マリー・アントワネットは王妃となる。

今でいえば、ファッションリーダーともいえるような奢侈《しゃし》な衣装に身を包んだ彼女の結婚生活は、はたして幸せだったのであろうか？

社交界の花としての華麗な生活、一方で、王妃の役目として最も期待されていた世継ぎの誕生はしばらくなく、時に「オーストリア女」とさげすまれ、数々の中傷も受けてきた。そんな彼女にとって、結婚後一〇年経って、やっとさずかった皇太子がたいへんな喜びであったことは間違いない。「私にとって最も幸せで、最も重要な出来事」と彼女は親しい友人に手紙を送っている。しかし、彼女が皇太子を産み、真にフランス王妃として過ごした日々は一〇年とはもたなかった。一七八九年、フランス革命が勃発。身分差や圧政に苦しめられた民衆らが立ち上がり、王政は覆《くつがえ》さ

れたのである。

革命の進行による幽閉生活を経て、まず夫である国王、ルイ十六世が一七九三年、処刑される。そして同年、マリー・アントワネットも断頭台の露と消えた。

ハプスブルク家とブルボン王朝の世紀の政略結婚から二三年。マリー・アントワネットは、まさに運命の波に翻弄《ほんろう》された悲劇の王妃であった。その後、革命を経験したフランスは、共和制そして、ナポレオンによる帝政の復活などを経て、近代国民国家へと変貌を遂げていく。さらにこのような社会変革の波は、欧米各地にも広がっていくのである。

モンロー▼モンロー主義としてその名を残した第五代大統領

フランス革命の起こる十四年前の一七七五年、アメリカでは独立戦争が起きていた。イギリスの植民下にあった東部十三州が、本国の圧政的支配から逃れるため、独立運動を起こしたのである。大学生だったジェームズ・モンローは、独立戦争が起こると大学を退学して入隊。トレントンの戦いで重傷をおうが、その功により大尉に昇進。その後は大佐まで上り詰めた独立戦争の英雄の一人でもある。彼のように多くのアメリカ人が、傷つき、時には犠牲となりながら独立運動は続き、一七八三年、ついにイギリスはアメリカの独立を承認するのである。

その後モンローは、ヴァージニア州下院議員となるが、その頃、かつて同州知事を務めていた第三代大統領のトーマス・ジェファーソンと親交を結んでいる。一時は弁護士として活動するが、やがて連邦上院議員、駐仏大使、駐英大使、ヴァージニア州知事などを務め、マディソン第四代大統領のもとで国務長官にもなる。一八一六年、第五代大統領選挙に立候補し、当選。独立戦争に従軍した経歴を持つ最後の大統領となる。

彼が大統領を務めていた頃のアメリカは、まだ現在のような姿ではなかった。領土的には、独立宣言を発表した当時の東海岸沿いの十三州から徐々に西へと版図《はんと》を広げ、現在の国土の東半分よりやや大きい程度であった。モンローが大統領在任中にスペインからフロリダを割譲させるということも起きているが、アメリカが太平洋沿岸にまで領土を広げるのは十九世紀半ばまで待たなければならなかった。
一八二三年、モンローは、有名なモンロー教書を発表。「今後ヨーロッパのいかなる国もアメリカを植民地の対象とみなしてはならない」「ヨーロッパ諸国が現有する植民地や

属国にアメリカは今後も干渉しない」というアメリカ大陸とヨーロッパの相互不干渉主義を唱えた。彼の主張はモンロー主義といわれ、彼の死後、世界中に知れわたることとなる。

モンローは二期八年間大統領を務め上げた後も、党内の調整などに追われる政治活動を続け、政界から引退した時には、多くの負債を抱え、経済的に逼迫《ひっぱく》していたという。自宅を売り、晩年は娘の家に同居したようである。独立戦争に従軍した英雄であり、自身の金銭的な成功などを顧《かえり》みずに独立国家アメリカの基礎を形づくってきたこの男は、一八三一年七月四日、生涯の幕を閉じる。奇《く》しくもこの日は五五回目の合衆国独立記念日であった。

▼革命改革の時代に生きた三人の同世代人

松平定信とモンローは同い年、そしてマリー・アントワネットは彼らより三つ年上の同世代人である。彼らの生きた時代は、アメリカ独立戦争、フランス革命で欧米社会が大きく揺れ、日本でも改革が叫ばれた激動の時代だったのである。

ちなみにイギリスでは、アメリカ独立宣言の七年前にワットが蒸気機関の改良に成功するなど、産業革命が進行し、国力が増加していた。この流れはヨーロッパ各国に広まっていくのである。

江戸末期を彩った戯作者とフランス皇帝

滝沢《たきざわ》（曲亭《きょくてい》）馬琴《ばきん》

❖……【一七六七～一八四八】

VS

ナポレオン

❖……【一七六九～一八二一】

滝沢馬琴 ▼江戸のベストセラー『八犬伝』を著《あらわ》した男

江戸時代前期には、上方の豪商や武士を担《にな》い手とした寛永《かんえい》・元禄《げんろく》文化が栄え、松尾芭《ば》蕉《しょう》、井原西鶴《さいかく》、近松門左衛門《ちかまつもんざえもん》らが活躍した。後期になると、文化の中心は江戸へ移り、豊かな町人文化である化政《かせい》文化が栄えた。絵画の世界では、東洲斎写楽《とうしゅうさいしゃらく》、喜多川歌麿《きたがわうたまろ》、歌川《うたがわ》（安藤）広重《ひろしげ》、葛飾北斎《かつしかほくさい》などの浮世絵《うきよえ》が人気を集め、世代を超え国籍の壁を越え、高く評価されていく。文学の世界では、『浮世風呂《うきよぶろ》』、『浮世床《うきよどこ》』の式亭三馬《しきていさんば》、『東海道中膝栗毛《とうかいどうちゅうひざくりげ》』の十返舎一九《じっぺんしゃいっく》などが活躍した。

しかし、明るい話題ばかりではない。松平定信が主導した寛

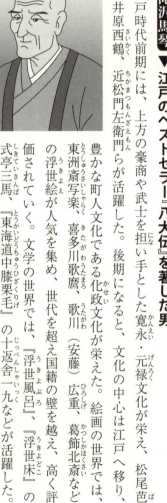

政の改革では、幕府の批判や風俗への悪影響等を理由に、『仕懸文庫《しかけぶんこ》』の作者山東京伝《さんとうきょうでん》や『鸚鵡返文武二道《おうむがえしぶんぶのふたみち》』を著した恋川春町《こいかわはるまち》らが弾圧を受けた。また、老中水野忠邦《みずのただくに》が主導した天保《てんぽう》の改革では、為永春水《ためながしゅんすい》の『春色梅児誉美《しゅんしょくうめごよみ》』や柳亭種彦《りゅうていたねひこ》の『偐紫田舎源氏《にせむらさきいなかげんじ》』らが絶版処分を受けている。このように町人文化が栄えつつも、物語作者としては厳しくもあった時代に生きたのが滝沢馬琴《たきざわばきん》である。

滝沢馬琴は、一七六七年、江戸で生をうけている。本名を滝沢興邦《おきくに》といい、後に解《とく》と改めた。本の署名などに使われるペンネーム（号《ごう》）は、いくつかあるが、代表的なものが曲亭馬琴《きょくていばきん》である。したがって、本名である滝沢に、号である馬琴をつけるのは、本来不適切なのだが、通例に従い、本書では滝沢馬琴と称することとする。

馬琴の父は、旗本に仕える身分の低い武士で、馬琴も若い頃、いくつかの旗本のもとに奉公している。しかし、身分が低いとはいえ、武士であるという自負が、馬琴の生涯を貫き、その作品にも影響を与えているという。

一七九〇年、二三歳の年に文筆で身を立てる決意をし、山東京伝の門を叩く。京伝が寛政の改革で処罰される少し前のことである。やがて馬琴は自身で書を著したり、京伝の代作をしたりしながら腕を磨き、源為朝《みなもとのためとも》らの大活躍を描いた『椿説弓張月《ちんせつゆみはりづき》』などの傑作を著していく。

一八一四年、四七歳の年を迎えた馬琴は、後に彼の名を大いに高めることになる名作に取りかかった。『南総里見八犬伝《なんそうさとみはっけんでん》』である。仁《にん》・義《ぎ》・礼《れい》・智《ち》・忠《ちゅう》・信《しん》・孝《こう》・悌《てい》の八つの玉をもつ八犬士《はっけんし》らが、里見《さとみ》家再興のために大活躍をする物語に、江戸時代の庶民は心を躍らせた。次の巻の発売を心待ちにしたのである。勧善懲悪《かんぜんちょうあく》を基調としたこの物語は、武士の心を捨てなかった馬琴のライフワークとなる。その間、愛する息子に先立たれ、さらには失明までも経験する。それでも彼は、息子の嫁に代筆を頼み、執筆を続けたのである。そしてついに、一八四二年、実に二八年の歳月をかけ、九八巻一〇六冊、『源氏物語』の倍以上の文字数を誇る大作が完結した。この年、馬琴は七五歳となっていた。

六年後の一八四八年、馬琴は八一歳で大往生《だいおうじょう》を遂げる。黒船《くろふね》が来航し、世の中が大きく動き出す五年前のことである。

ナポレオン▼「不可能の文字はない」～歴史をつくり変えた英雄

フランス革命の動乱は、国内はもとより、周辺各国に大きな動揺を与えた。国内では、権力争いや恐怖政治、クーデターといった混乱が相次ぎ、周辺各国ではイギリス、ロシア、オーストリアらが対仏大同盟を結成するなど、状況は緊迫していた。そのような中、国民、とりわけ革命により一定の利益を得ることができた人たちの間には、安定した政治を求めるような気運が高まっていった。しかもそれは単に安定しているだけではなく、他の諸国と戦える強い政治家が必要とされていた。そこに登場したのがナポレオン・ボナパルトである。

一七六九年、コルシカ島で生をうけた彼は、軍功で名を挙げ、一七九六年には、二七歳でイタリア遠征軍総司令官となる。やがて一七九九年、政府が国民の信頼を失っていることを感じ取った彼は、クーデターを起こし統領政府をつくり、自ら第一統領となったのである。ルイ十六世とマリー・アントワネットの処刑から六年の歳月が流れていた。この時をもってフランス革命は終了したといわれている。

権力を握ったナポレオンは内政にも力を注ぎ、フランス銀行を設立し、ナポレオン法典を公布した。法律整備には皇帝就任後も情熱を傾けており、ナポレオン本人も「余の本当の意味での栄誉は、四〇回の戦勝ではなく民法典にある」と述べたという。事実、この法典は多くの国に波及し、各国の民

ベートーベンは、ナポレオンに捧げるべく交響曲第三番『英雄』をつくった(『ルードウィヒ・B』より)

法制定のもとにもなっている。

一八〇四年、皇帝となったナポレオンは、翌年アウステルリッツの三帝会戦に勝利し、西南ドイツ諸国ライン同盟を結成。それにより、神聖ローマ帝国の歴史は幕を閉じる。それらの戦果により、ヨーロッパ大陸のほとんどを支配した彼は、大陸封鎖令を発してイギリスとの通商を禁じることでフランスの産業に優位な市場をつくっていった。

彼は、一八一〇年ハプスブルク家の皇女を妻にする。このナポレオンにとって二番目の妻であるマリー・ルイーズは、女帝、マリア・テレジアのひ孫であり、マリー・アントワネットの姉の孫に当たっている。

しかし、一八一二年、ナポレオンは、ロシア遠征に失敗。これが「英雄」の没落の始まりとなる。その後、ライプチヒの戦いにも敗れ、対仏連合軍がパリに入城。ナポレオンはエルバ島に幽閉されたのである。しかし、翌年、彼はそこを抜け出し、再起を図る。パリに戻り、再び皇帝位についたのである。ところが、その三カ月後、ワーテルローの戦いで破れ、彼の再起は「百日天下」に終わってしまう。六年後、彼は二度目の配流先であるセントヘレナ島で生涯を終えることになるのである。

その前後、各国は、今後のヨーロッパについて話し合うためにウィーン会議を開催。舞踏会などが頻繁に催されるわりに審議自体がなかなか進まないことから「会議は踊る、されど進まず」などと評された会議である。この会議ではブルボン王朝など旧制度の復活が志向され、消滅した神聖ローマ帝国の後にはドイツ連邦が組織された。しかし、革命によって目覚めた自由主義の傾向が元に戻ることはなかった。この後、革命や民族運動が各地で起こり、徐々に自由主義、民主主義の政治体制が生まれていくことになるのである。

▼天下泰平の日本と戦乱の欧米が出会う少し前に生きた同世代人

滝沢馬琴とナポレオンは、わずか二歳違いの同世代人である。この頃より、ヨーロッパでは産業革命が進行し、ナポレオン戦争をはじめとする数々の争いが勃発していく。そこで培《つちか》った軍事力や科学力を手にしたヨーロッパの国々は「列強《れっきょう》」と呼ばれ、アジア、アフリカ諸国を植民地化していく。彼らの関心は、やがて日本にも直接的な影響を及ぼすことになるのである。

COLUMN-03

まだまだいるゾ！ 同い年＆同世代人！ …〈近世編〉

日本	◀VS▶	世界
「三本の矢」の逸話もある 中国地方の覇者 **毛《もう》利《り》元《もと》就《なり》**(1497-1571)	6歳差	「大予言」で有名な フランスの医師・占星術師 **ノストラダムス**(1503-66)
川中島で武田信玄と争った 越後の虎 **上《うえ》杉《すぎ》謙《けん》信《しん》**(1530-78)	同い年	ロシアの集権化を進め、 「雷帝」と呼ばれたツァーリ **イヴァン4世**(1530-84)
戦国の世の最終勝者、 江戸幕府初代将軍 **徳《とく》川《がわ》家《いえ》康《やす》**(1542-1616)	5歳差	レパント海戦にも従軍した 『ドン・キホーテ』の作者 **セルバンテス**(1547-1616)
奥州を平定した 「遅れてきた戦国大名」 **伊《だ》達《て》政《まさ》宗《むね》**(1567-1636)	3歳差	『ハムレット』などで 有名な世界の文豪 **シェイクスピア** (1564-1616)
『好色一代男』などで有名な 元禄文化を代表する文豪 **井《い》原《はら》西《さい》鶴《かく》**(1642-93)	同い年	「万有引力の法則」を発見した 数学・物理学者 **ニュートン**(1642-1727)
享保の改革を行なった 暴れん坊将軍 **徳《とく》川《がわ》吉《よし》宗《むね》**(1684-1751)	1歳差	「音楽の父」と称された バロック音楽家の代表 **バッハ**(1685-1750)
藩政改革を行なった 米沢藩主 **上《うえ》杉《すぎ》鷹《よう》山《ざん》**(1751-1822)	2歳差	『ファウスト』などを著した ドイツの文豪 **ゲーテ**(1749-1832)
『東海道五十三次』を描いた 代表的浮世絵師 **歌《うた》川《がわ》広《ひろ》重《しげ》**(1797-1858)	同い年	「歌曲の王」と呼ばれた ロマン派の作曲家 **シューベルト**(1797-1828)

［第四章］「幕末維新の日本」と世界

日本 幕末〜明治維新

世界 南北戦争・ドイツ帝国誕生〜文化文明の発展

PROFILING-16
▶島津斉彬 vs リンカーン
PROFILING-17
▶井伊直弼 vs ビスマルク
PROFILING-18
▶坂本龍馬 vs カーネギー
PROFILING-19
▶伊藤博文 vs ルノワール
PROFILING-20
▶豊田佐吉 vs ライト兄弟（兄・ウィルバー）

『陽だまりの樹』より

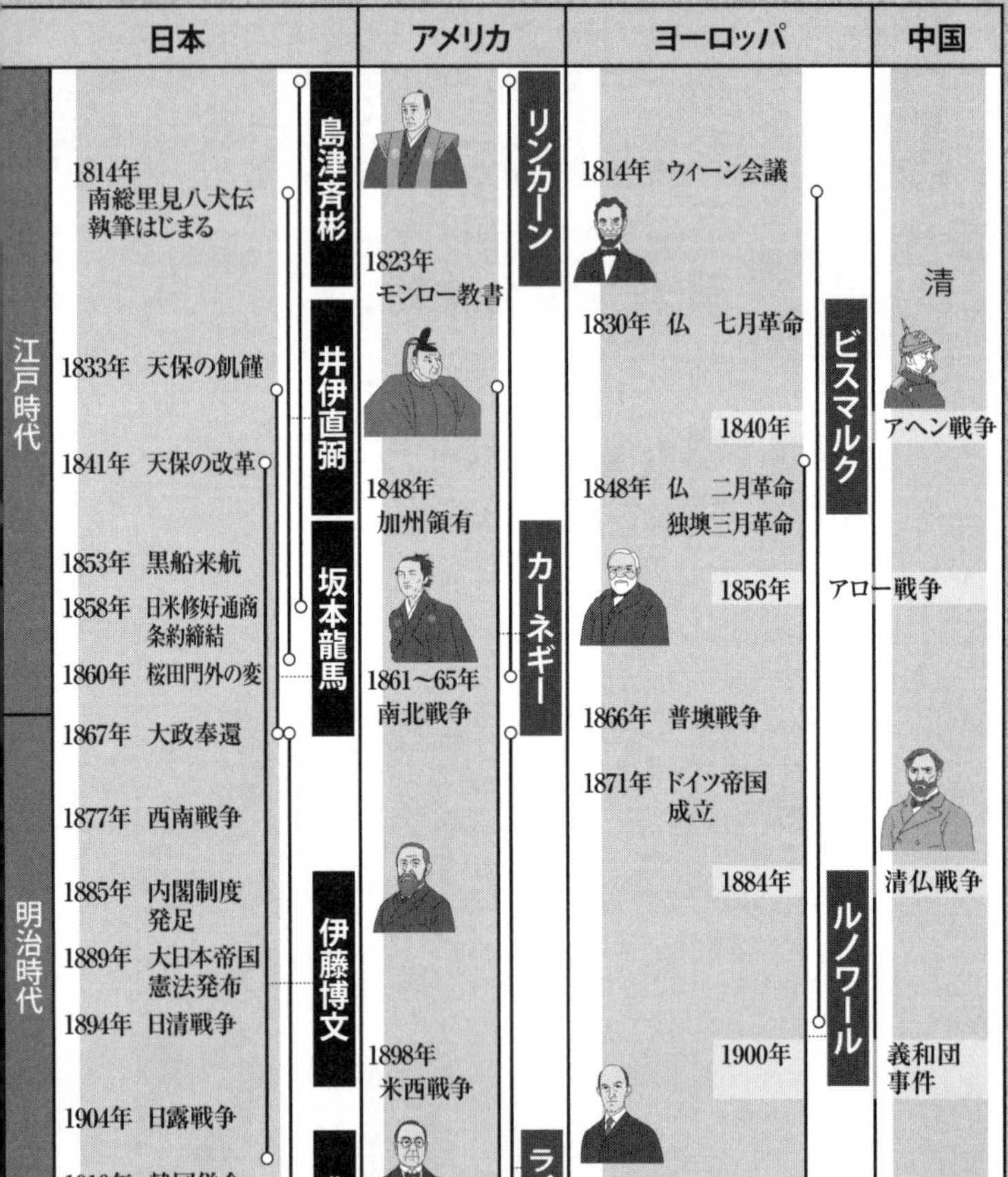
日本
アメリカ
ヨーロッパ
中国
江戸時代
明治時代
大正時代
昭和
1814年 南総里見八犬伝執筆はじまる
1833年 天保の飢饉
1841年 天保の改革
1853年 黒船来航
1858年 日米修好通商条約締結
1860年 桜田門外の変
1867年 大政奉還
1877年 西南戦争
1885年 内閣制度発足
1889年 大日本帝国憲法発布
1894年 日清戦争
1904年 日露戦争
1910年 韓国併合
1923年 関東大震災
島津斉彬
井伊直弼
坂本龍馬
伊藤博文
豊田佐吉
1823年 モンロー教書
1848年 加州領有
1861～65年 南北戦争
1898年 米西戦争
1929年 世界恐慌
リンカーン
カーネギー
ライト兄弟(兄)
1814年 ウィーン会議
1830年 仏 七月革命
1840年
1848年 仏 二月革命
独墺三月革命
1856年
1866年 普墺戦争
1871年 ドイツ帝国成立
1884年
1900年
1914年 第一次世界大戦
1919年 ベルサイユ条約
ビスマルク
ルノワール
清
アヘン戦争
アロー戦争
清仏戦争
義和団事件
1911年 辛亥革命
中華民国

その時…

日本　幕末
世界　南北戦争、ドイツ帝国誕生、アメリカの発展

一八五三年、アメリカ東インド艦隊司令長官ペリーが四隻《せき》の黒船《くろふね》を率いて浦賀《うらが》に来航。強硬な姿勢で開国を迫った。時の老中、阿部正弘《あべまさひろ》は、未曽有《みぞう》の国難に対し、諸大名や幕臣などから広く意見を募《つの》った。これが、幕政に口をはさむ大名（藩主）たちが増えるきっかけともなっていく。その代表格が、藩政《はんせい》改革に成功した薩摩《さつま》や長州《ちょうしゅう》、土佐《とさ》などの雄藩《ゆうはん》と呼ばれる藩の藩主たちである。

黒船は一気に日本を幕末へと引き込んだ
（『陽だまりの樹』より）

薩摩藩主**島津斉彬**《しまづなりあきら》は、養女を将軍に輿入《こしい》れさせることにも成功。この、島津斉彬の養女こそ、NHKの大河ドラマで一躍有名となった天璋院篤姫《てんしょういんあつひめ》である。

日本が幕末にさしかかる頃、太平洋の向こう側でも大きな事件が

だからわしは、去年、ペルリなどと和親条約などを結ぶことには反対いたしたのだ。この際ああいった国辱的な条約は……
それもそうですが、当面被害の対策をいたさねば……

黒船来航に対応した阿部正弘（右）と徳川斉昭
（『陽だまりの樹』より）

起こっていた。アメリカ南北戦争である。このアメリカ最大の内戦に対処し、また、奴隷解放宣言を出したことでも有名なのが、当時の大統領、**リンカーン**である。実は、彼は島津斉彬と同い年の人物なのだ。

一八五四年、幕府は、アメリカと日米和親条約を締結する。しかし、それだけにとどまらず、アメリカの総領事ハリスは、通商条約の締結を強く要望してきた。幕府の意向は条約締結に傾きつつあったが、反対の声も大きかった。これに対応した大老《たいろう》**井伊直弼**《いいなおすけ》は、独断で日米修好通商条約《にちべいしゅうこうつうしょうじょうやく》を締結。日本は国際社会へと羽ばたくことになる。

その後、井伊直弼は反対派の一掃を図り、安政《あんせい》の大獄《たいごく》を始めるが、自身も反対派に狙われ、桜田門外《さくらだもんがい》の変《へん》で命を落とす。これにより幕府の権威は地に落ちていくのである。

同時期にヨーロッパでは再編が進み、一八六一年にイタリア王国が、一八七一年にドイツ帝国が誕生している。ドイツ帝国誕生に力を発揮したのが鉄血宰相と呼ばれた**ビスマルク**である。このビスマルクは、奇しくも井伊直弼と同じ一八一五年生まれであった。

桜田門外の変の後、日本では攘夷《じょうい》派のテロ行為などが続き、世相は混沌《こんとん》としてくる。そこにさっそうと現れたのが、**坂本龍馬**である。彼は、互いにいがみ合っていた薩摩藩と長州藩の仲を取り持ち、薩長同盟を締結に導く。これにより倒幕派の勢いは増し、結果とし

激動の時代に志を持った男たちが動き始めた（『陽だまりの樹』より）（上）若き福沢諭吉（中）坂本龍馬（下）西郷隆盛

アメリカの南北戦争でも活躍したアームストロング砲は、上野に籠《こも》る幕府軍（彰義隊《しょうぎたい》）をたった一日で壊滅させた（『陽だまりの樹』より）

榎本武揚《えのもとたけあき》、土方歳三《ひじかたとしぞう》らによる旧幕府軍の抵抗は、箱館《はこだて》の五稜郭《りょうかく》で終わりを告げることとなった（『陽だまりの樹』より）

（上）鳥羽伏見の戦いの様子（下）この戦いで完敗し、弱気になる最後の将軍徳川慶喜（ともに『陽だまりの樹』より）

て一八六七年、大政奉還が行なわれ、江戸幕府は消滅するのである。一方、アメリカでは南北戦争の後、さらに西部開拓が進み、大陸横断鉄道が完成するなど、工業がめざましく発展する。多くの人々が新大陸で成功する夢《アメリカン・ドリーム》を求め、この地へと渡るようになる。その代表ともいえるのが、鉄鋼王**カーネギー**である。大望を持って激動の時代を駆け抜けた龍馬とカーネギー。実は、この二人も同い年なのである。

何かを感じ取ったのか？ 幕末の庶民の間に「ええじゃないか」が流行した（『陽だまりの樹』より）

その時…

日本 明治維新、文明開化
世界 文化、科学技術の発展

坂本龍馬ら多くの志士たちの活躍により、江戸幕府は崩壊し、明治維新が始まることとなる。日本は文明開化の時代を迎え、江戸時代の旧習を改めるとともに、富国強兵《ふこくきょうへい》、殖産興業《しょくさんこうぎょう》の道を進んでいく。政治的には自由民権運動《じゆうみんけんうんどう》が高まり、一八八九年には大日本帝国憲法《だいにほんていこくけんぽう》が発布された。その

江戸時代が終わり、新たな明治の世が始まった。上図は慶應義塾を開いた福沢諭吉（『陽だまりの樹』より）

少し前の一八八五年には内閣制度も創設され、初代内閣総理大臣となったのが**伊藤博文**《ひろぶみ》である。幕末の雄藩、長州藩の出身で、吉田松陰《しょういん》の松下村塾で学んだ青年、そんな彼が、日本を導くことになったのである。

一方、長い鎖国の期間を経て、国際社会に知られるようになった日本の文化は、多くの欧米人によって賞賛された。ヨーロッパではジャポニスムと呼ばれる一大日本ブームが起こる。印象派の画家などは日本の浮世絵に強く影響を受けるようになるのだが、その一人である**ルノワール**が、伊藤博文と同い年である。日本の文化に関する二人の生き方の違いは、後述するように、典型的な歴史の皮肉を物語っている。

明治維新では、外国の文化、技術が導入され、日本の科学技術は大いに発展する。そのような時代背景の中、明治、大正から昭和初期にかけて活躍したのが、発明王、**豊田佐吉**《とよださきち》である。彼の功績は日本の経済界を大いに発展させ、世界のトヨタを生み出すきっかけにもなっていく。

さらに、世界規模でも、科学技術の発展は人類の夢を実現していった。ライト兄弟による飛行実験の成功もその一つ。大空をはばたくという夢を実現したライト兄弟の兄、**ウィルバー・ライト**だが、実は豊田佐吉と同い年であった。ともに一%のひらめきを大切にし、九九%の努力を続け、人類に大きな進歩をもたらした大発明家である。

ちなみに、ここまでお伝えしてきたように、この章で紹介する五組の人物は、すべて生年が同じ、いわゆる同い年ばかりである。それゆえ、世界史と日本史の同時代性とともに、同い年の有名人たちの皮肉な運命などについても味わっていただけるのではないかと思っている。

開明的な雄藩藩主と奴隷解放宣言を出した大統領

島津《しまづ》斉彬《なりあきら》

❖……【一八〇九～一八五八】

VS

リンカーン

❖……【一八〇九～一八六五】

島津斉彬▼混迷の幕末に賢主といわれた男

その開明的な思想から幕末の名君とも呼ばれた島津斉彬《しまづなりあきら》が、薩摩《さつま》藩主となったのは、四二歳の年である。決して早くはない。実は、斉彬が藩主になる前に「お由羅《ゆら》騒動」と呼ばれるお家騒動が起きていたからである。

この騒動を理解するには三代前の藩主、重豪《しげひで》にまで、さかのぼらねばならない。薩摩藩八代藩主島津重豪は、開明的な思想を持ち、積極的に藩政改革を行なった名君ともいわれるが、中には西洋かぶれの乱費家だと非難する人もいた。この重豪は、家督を長子斉宣《なりのぶ》、次いで孫の斉興《なりおき》に譲ったが、引退後も藩の実権を握り続けた。しかも重豪は大変長寿であり、八八歳で大往生を迎えている。当時の藩主である孫の斉興にしてみれば、四二歳まで祖父に実権を握られていたのでは、内心面白かろうはずはない。ただ、斉興の長子の斉彬は、この重豪にかわいがられて育ってきた。海外に目を向けたその性格は曽祖父《そうそふ》譲りであったという。そんなわけで、藩主斉興は、心よく思っていない祖父と似たところがある斉彬ではなく、側室お由羅《ゆら》との子である久光《ひさみつ》を藩主にと考えたのである。しかし、聡明な斉彬を藩主に迎えたいと推す藩士も多く、最終的には幕府老中阿部正弘らの調停により、斉彬が藩主を継ぐことが決められた。

藩主となった斉彬は、藩政改革に取り組んだ。薩摩藩はすでに調所広郷《ずしょひろさと》による財政改革が成功を収めていたが、その成果を利用し、さらなる改革を進めていったのだ。斉彬の改革の特徴は、西洋のすぐれた技術を取り入れたことである。技術開発施設である開物館《かいぶつかん》と、反射炉《はんしゃろ》・溶鉱炉《ようこうろ》・ガラス器や農具などの藩営工場を集めた集成館《しゅうせいかん》の創設、造船所や外国船の購入、西洋式の軍制改革、洋学の奨励などであった。薩摩藩の支配下に琉球《りゅうきゅう》王国があり、密かに外国とつながることができたことも大きな理由である。また斉彬の功績としては西郷隆盛《さいごうたかもり》や大久保利通《おおくぼとしみち》らの人材の重用、育成等を図ったことも挙げられよう。

斉彬は幕政にも積極的に関わった。彼が藩主となった二年後にペリーが来航。すでに琉球を通じて、アヘン戦争後に半植民地化された清国《しんこく》の悲惨な状況を知っていた斉彬は、積極的に外国と通商を進め、国力を充実させることを主張。そのために次期将軍として聡明《そうめい》との誉《ほま》れ高き一橋慶喜《ひとつばしよしのぶ》を推《お》した。いわゆる一橋派の代表格となった。そして一橋慶喜の将軍継嗣《けいし》を有利に進めるために自分の養女を将軍家定《いえさだ》に輿入《こしい》れさせた。天璋院篤姫《てんしょういんあつひめ》である。

しかし、幕府の大老井伊直弼《たいろういいなおすけ》は独断で、紀州藩主の慶福《よしとみ》（後の家茂《いえもち》）を後継将軍と決めてしまう。怒った斉彬は大軍をもって上京し、幕政改革の意見を述べようと画策《かくさく》。ところが、その兵の訓練の様子を閲覧していた時、ふいに斉彬を病魔が襲う。そのまま病状は回復することなく、斉彬は帰らぬ人となってしまったのである。

斉彬の死後は、お由羅騒動で跡継ぎの座を争った久光の子が藩主となり、久光が実権を握る。だが、斉彬によって活躍の機会を得た西郷隆盛や大久保利通らの人材が新しい日本を作り出すことになっていくのである。

リンカーン▼アメリカ南北戦争を戦い抜いた大統領

アメリカは、建国後、西へ西へと領土を広げた。その最終段階が、アメリカ・メキシコ戦争によるカリフォルニアら、西南部の割譲《かつじょう》である。これによってアメリカの領土は、ほぼ現在と同様となり、大西洋から太平洋を臨む大国が完成した。しかし、このアメリカ・メキシコ戦争の正当性に疑問をはさんだことから不評を買い、中央政界から身を引き、地元へ帰ることになる若き下院議員がいた。その男の名はエイブラハム・リンカーンである。

リンカーンは一八〇九年、農夫兼大工の両親のもと、丸太小屋で生をうけたという。幼くして母を失うも、やさしい継母《けいぼ》（ままはは）の愛を受けて成育した。ほとんど正規の学校教育を受けなかったといわれる彼は、雑貨店主や郵便局長を経験し、二五歳で州議会議員となる。その後、弁護士の資格を得て、法律事務所を共同経営。三七歳で下院議員となった。しかし、アメリカ・メキシコ戦争の正当性を問う決議案が不評を買い、彼は再び地元へ帰り、弁護士として過ごすことになったのである。

当時のアメリカでは南北の対立が激しくなっていた。やがて、奴隷制の存続と自由貿易を唱える南部と奴隷制に反対し保護関税政策を打ち出す北部との対立は、西部開拓により新しくできた州に奴隷制を認めるか否かが論点（対立の象徴）となっていく。この対立が結果的にリンカーンを中央政界へと呼び戻すことになる。奴隷制の拡大問題に関し、「奴隷制を

認めるか否かは住民の判断にゆだねる」との意見を持った議員が大々的に持論を展開すると、それに断固反対の立場で反論していったのがリンカーンだった。徐々に彼の弁舌は人の心を捉《とら》え、全国的に名を馳《は》せるようになる。

この論戦で一気に知名度を上げた彼は一八六〇年、第十六代大統領に選出される。この段階での彼の政策は奴隷解放ではなく、奴隷制拡大反対であったが、彼の政策に反発した南部諸州は、同年末から翌年にかけて連邦から離脱。アメリカ連合国をつくって、独自に大統領を選出した。かくしてアメリカは二つに分かれ、南北戦争が始まったのである。

戦況は当初、南軍有利の様相を呈していたが、一八六三年、リンカーンが奴隷解放宣言を出し、国内外の支持を集め、同年ゲティスバーグの戦いで北軍が勝利を収めると、形勢は逆転した。その後、ゲティスバーグの激戦跡地で慰霊祭が行なわれたが、ハーバード大学元学長エドワード・エヴァレット氏は二時間に及ぶ大演説で喝采《かっさい》を浴びた。大統領リンカーンはその後を受けてほんの三分間足らずの演説を行なった。この時のスピーチで使用されたのが、「人民の人民による人民のための政治」という名台詞《ぜりふ》である。

一八六五年四月三日、南部の首都リッチモンドが陥落し、九日、南軍司令官が降伏。四年の歳月が費やされ、六二万人という犠牲者を出した南北戦争は、この時をもって事実上終結したとされる。合衆国の分裂という最悪の事態は避けられた。大統領選出後、就任式も行なわれないうちに内戦が勃発するという歴代大統領中、最も苦難の幕開けであったリンカーンも、やっと勝利に胸をなでおろしたことを誰が予想できただろうか。そのわずか五日後の一八六五年四月十四日、暗殺者の凶弾が彼の命を奪った。

しかし、エイブラハム・リンカーンの名は、その後、不滅のアメリカ民主主義のシンボルとして、米国民の心に刻まれることになるのである。

▼志半ばに倒れた同い年の明君

南北戦争を乗り越え、奴隷解放宣言を出したリンカーンは、大統領任期途中、五六歳で暗殺された。日本の国づくりに一身を捧げた島津斉彬はそれよりも早く四九歳で病没する。

もう少し長生きしていれば、それぞれの国の歴史は変わったかもしれないと思われる有能な政治家であった同い年の二人は、惜しまれつつこの世を去ったが、その志は後世に受け継がれることとなったのである。

桜田門外の変で散った幕府大老とドイツ帝国を作った鉄血宰相

井《い》伊《い》直《なお》弼《すけ》
【一八一五〜一八六〇】

VS

ビスマルク
【一八一五〜一八九八】

井伊直弼▼日本を開国に向かわせた凄腕の政治家

日米和親条約により、総領事ハリスを送り込んだアメリカは、通商条約の締結を主張し、本格的な開国を要求した。しかし、当時は外国人の排斥《はいせき》を唱える攘夷《じょうい》派など、反対勢力が強く、条約締結はままならない状態であった。これを解決するため、幕府は朝廷から勅許《ちょっきょ》を得て、条約を締結しようと考えた。天皇の権威により反対派を黙らせようとしたのである。しかし、これが裏目に出る。朝廷が勅許を出さなかったのである。これにより、朝廷や攘夷派の反対と、アメリカの圧力との板ばさみで、幕政は困惑の度を深めた。また、当

時の十三代将軍家定《いえさだ》が病弱であったため、次の将軍選定が急務とされていたが、一橋慶喜《よしのぶ》を推す島津斉彬、徳川斉昭《なりあき》ら一橋派と紀州の慶福《よしとみ》を推す南紀派《なんきは》とが相争う形となり、幕政は大いに揺れていた。その争いを一気に解決したのが、井伊直弼《いいなおすけ》である。

井伊直弼は一八一五年、譜代《ふだい》大名である彦根《ひこね》藩主の息子として生まれた。とはいえ、十四男、しかも側室の子であり、決して将来を有望視されていたわけではなかった。父である十三代藩主直中《なおなか》の跡は、長兄直亮《なおあき》が継いでいた。井伊直弼は若くして城を出て、「埋木舎《うもれぎのや》」と名づけた屋敷で、禅宗や茶道、居合術、兵学、国学らの修行に日夜励むしかなかったわけである。将来の展望が見えなかった当時の彼は、こんな歌を詠んでいる。

世の中を　よそに見つゝも　うもれ木の　埋れてをらむ　心なき身は

ところが、藩主直亮が早世すると、他の兄弟が皆逝去もしくは他家へ養子に出ていたため、直弼が十五代彦根藩主となることになる。彼の人生は大きく変わるのである。彦根藩は譜代大名の筆頭格式であったため、一藩主にとどまらず、幕政の中心へ躍り出ることにもなった。一八五八年、大老となった彼は、勅許を得ずに一気に、日米修好通商条約を締結し、次期将軍を徳川慶福（後の家茂《いえもち》）と決めてしまったのである。

これに反発する声が高まると、井伊直弼は反対派の勢力を弾圧。約一年間にわたり

決行は
三月三日！
この日こそ
今から八年前
桜田門外にあって
奸賊、井伊大老が
志士の手で殺さ
れた日！
大老井伊直弼は、桜田門外の変で命を落とした（『陽だまりの樹』より）

百名以上の公卿《くぎょう》、大名、幕臣、尊皇攘夷派《そんのうじょういは》の志士たちを処罰したのである。吉田松陰《よしだしょういん》、橋本左《はしもとさ》内《ない》などの有望な人材が命を落とした。安政《あんせい》の大獄《たいごく》である。

　これによって井伊直弼に対する反発は大いに強まる。当然、彼にも、それはわかっていたはずである。しかし、彼は自分の身に危険がふりかかるのを承知で、剛腕《ごうわん》を振るったのである。反発を恐れて政策を誤り、日本を、中国のように西洋の半植民地にするわけにはいかない。それが彼の想いだったのであろう。

　はたして、井伊直弼は、江戸城桜田門外で水戸浪士十七名、薩摩浪士一名という集団に殺害されることになる。俗に桜田門外の変と呼ばれるこの事件は、一八六〇年三月三日、雪の降りしきる中で起こったという。

　幕府において、最後の強権を発動した井伊直弼。彼の暗殺後、幕府の権威は急速にゆらぎ、世は幕末へと急展開することになる。

ビスマルク▼ドイツ帝国をつくり上げた鉄血宰相

ドイツという統一国家は比較的新しい国である。フランク王国が分裂し、十世紀後半に神聖ローマ帝国という「国」が生まれた。ここでは仮に「国」という表現を使ったが、この神聖ローマ帝国を「国」と表現すべきかは議論が分かれるところである。この「帝国」は大小さまざまな諸侯国や王国の集合体であり、神聖ローマ皇帝は七人の諸侯からなる選挙候によって選ばれることになっており、いわゆる中央集権的権力者としての「皇帝」のイメージとはやや異なっているからだ。また、世俗的な権力者としての皇帝とは別に、宗教的な権威者としてのローマ教皇がおり、皇帝はその存在を無視することはできなかった。それどころか神聖ローマ皇帝は、ドイツ王が教皇から位を与えられることで初めて皇帝になることができたのである。

神聖ローマ帝国は、九六二年から一八〇六年まで続くが、それを崩壊させたのはナポレオンであった。そして、ナポレオンの失脚時に開かれたウィーン会議で、オーストリア、プロイセンほか三十五の君主国と四つの自由市からなる「ドイツ連邦」という連合組織を創設することが決められた。一八一五年のことであり、奇しくもこの年、後にドイツの運命を変える政治家が、ドイツ連邦の主要国であるプロイセンにおいて産声《うぶごえ》をあげた。ビスマルクである。

　地主貴族層《ユンカー》に生まれた彼は、大学卒業後、官吏や陸軍軍人を経験。後に故郷に戻り、領地の経営に従事する。一八四七年、州議会議員となったが、その翌年、フランス革命の影響を受けた自由主義者が、ドイツで三月革命が起こす。最終的に革命は鎮圧されるのだが、この時、ビスマルクは懸命に王制擁

護を主張。反革命主義者として注目されるようになる。その後、連邦議会でのプロイセン代表、駐ロシア大使、駐フランス大使などを経て、革命時の功績により、プロイセン国王ヴィルヘルム一世の後《うし》ろ盾《だて》で宰相となるのである。
　宰相となってすぐに軍備拡張をめぐり議会と対決したが、彼は「今の大問題は言論や多数決によっては解決しない。……それは鉄と血によってのみ解決される」という有名な演説を行ない、軍拡を進めた。その結果、一八六六年に起こった宿敵オーストリアとの普墺《ふおう》戦争では、大方の予想を裏切り、わずか七週間でプロイセンは勝利をものにする。軍拡による装備の違いが決め手であった。オーストリアの銃が一分間に二発しか撃てなかったのに対し、プロイセンの銃は一分間に七発も撃てたという。その後、フランスとの普仏《ふふつ》戦争にも

勝利。これらの戦勝を背景にし、反対派を圧倒したビスマルクは、念願だったドイツ統一を一八七一年に実現する。ヴィルヘルム一世が皇帝となり、ドイツ帝国が誕生。ビスマルクはドイツ帝国の宰相となった。

こうしてドイツは初めて統一国家としての歩みを進めることとなる。この後、ビスマルクは、ロシアやオーストリアらと合従連衡《がっしょうれんこう》の同盟関係を繰り返し築き、戦乱の尽きなかったヨーロッパに三〇年間にも及ぶ比較的平穏な時代をもたらしたのである。

▼日本とドイツに新たな道を拓いた二人の豪腕政治家

ビスマルクの尽力により一八七一年、ドイツは念願の統一を果たし、ドイツ帝国が成立した。一方、井伊直弼は、開国のための条約に調印し、その後の日本史を変えていった。井伊直弼の死後、幕政は大きく変動し、一八六八年、新しく明治政府が誕生する。

ドイツ帝国誕生と日本の明治政府誕生はわずか三年違いの、ほぼ同時期の出来事であった。二つの国で大きく政治体制が変わる直前には、辣腕《らつわん》政治家がその力を存分に発揮していたわけである。

幕末の風雲児とアメリカンドリーム体現者

坂本龍馬《さかもとりょうま》

【一八三五～一八六七】

VS

カーネギー

【一八三五～一九一九】

坂本龍馬▼日本に「夜明け」をもたらした男

日本の歴史上の人物の中で、最も人気がある者の一人だ。坂本龍馬《さかもとりょうま》は、土佐《とさ》藩郷士《ごうし》の息子として一八三五年に生まれている。幕末の動乱の世にあって、彼の志は広く世界を見渡し、世界に並び立つ日本を実現するために命を賭《と》して活動した。そんな彼が、心の中で憧《あこが》れを持って見つめていた国の一つに、アメリカがあったのは間違いないだろう。

龍馬が北辰一刀流《ほくしんいっとうりゅう》の剣術を習いに江戸に出たのが一八五三年、ちょうど黒船と呼ばれたアメリカの軍艦が浦賀に来航し、国中あげて大騒ぎとなっていた年である。翌年、故郷土佐に戻った彼は河田小龍《かわだしょうりょう》という絵師を訪ねている。河田小龍は、遭難の末にアメリカ暮らしを経験した土佐の元漁師ジョン万次郎を取材し、アメリカの事情を土佐藩、さらには幕府にまで伝えた人物である。龍馬はそんなアメリカ通の小龍に異国に対する方策を尋ねたのである。さらに龍馬は、後に勝海舟《かつかいしゅう》に師事する。勝海舟は、かつて艦長として幕府の咸臨丸《かんりんまる》を率い、アメリカのサンフランシスコへと渡航した人物である。そんな男に弟子入りしたのは、坂本龍馬にとって、アメリカが脅威でもあり、憧れでもあったであろう。

その後、龍馬は、勝海舟のもとで、神戸海軍操練所の設立に尽力。しかし、勝が失脚し、操練所が解散となると、龍馬は、貿易会社、政治結社である亀山社中《かめやましゃちゅう》（海援隊《かいえんたい》の前身）を結成する。また同時に幕府に対抗できる勢力を結集させようと、それまでいがみ合っていた薩摩藩と長州藩を結びつけ、薩長同盟を実現させた。倒幕への道筋をつくり上げたのである。

しかし、龍馬は、倒幕への道筋をつくりながらも、武力による倒幕は望んでいなかったようだ。自主的に幕府から朝廷に政権を返上する大政奉還《たいせいほうかん》を良策と考え、それを実現させるため、母国土佐を動かし、土佐藩元藩主、山内容堂《やまうちようどう》から江戸幕府十五代将軍、徳川慶喜《よしのぶ》へ建白《けんぱく》させる形をとったのである。この龍馬らの活躍により一八六七年一〇月十四日、大

龍馬は、勝を斬るために屋敷を訪れたが、逆にその度量に惚れ、弟子入りしたのだといわれている（『陽だまりの樹』より）

政奉還は実現した。江戸幕府は二六五年の歴史に終止符を打ったのだ。その後、旧幕府軍と新政府軍との争い（戊辰《ぼしん》戦争）などを経て、新しい明治の世が始まるのである。しかし、龍馬は、自らが実現に尽力した新しい世を見ることはできなかった。大政奉還の一ヵ月後の十一月十五日に、暗殺されたのである。その日は奇《く》しくも、龍馬の三二歳の誕生日であったという。

大政奉還の後に龍馬が自ら作成した新政府要員リストには、自分の名前が記されていなかったという話も伝わっている。おそらく龍馬が暗殺されることなく、明治の世まで生き抜いたとしても、明治政府に加わる気など、なかったであろう。太平洋を股にかけて、大規模な貿易事業などを行ない、別の方向から日本の発展に尽くしていたかもしれない。もし、そうなっていたら、憧れていた先進国アメリカで、同い年のあの男と出会っていたかもしれない。

カーネギー▼「鉄鋼王」と呼ばれた男

アンドリュー・カーネギーは、一八三五年、スコットランドで手織物《ておりもの》職人の子として生まれた。しかし、当時の織物業界において、急速に機械化が進展しつつあり、従来通りの手織物業者の仕事はどんどんなくなる時代であった。カーネギーの一家も、御多分《ごたぶん》に漏《も》れず没落し、一八四八年、アメリカのピッツバーグに移住することになる。カーネギーは学校へも行かず紡績《ぼうせき》工場で働き、その後いくつもの職を経験した後、ペンシルベニア鉄道では管理職にまで昇進した。さらに、石油投資などで財産を増やした彼は、製鉄業に進出。南北戦争による需要の高まりなどを背景にして成功を収めるのである。

その後、渡航先のイギリスで、当時最も進んでいた発明家、ベッセマーの製鋼法（鉄鉱石から鋼鉄を製造する方法）を学ぶ機会を得る。この方法に衝撃を受け、事業を鉄鋼業に集中することに決めたカーネギーが、再びアメリカに帰国したのが一八六八年。日本では坂本龍馬が暗殺された年も改まり、戊辰戦争が始まった年である。

帰国後、ベッセマー製鋼法の実用化のために努力を重ね、七〇年代には、製鋼に必要な溶鉱炉《ようこうろ》の建設等を行ない、八〇年代になると、その二四時間稼働を実現。大きな利益をあげることに成功する。一八九九年には、八つの鋼鉄会社を合併して、カーネギー製鋼会社を設立。その時、カーネギーは六四歳になっていた。そのカーネギー製鋼会社は、アメリカの鉄鋼の四分の一を生産するという大企業に成長している。しかし、設立から二年後の一九〇一年、カーネギーは自らの会社をUSスティール・カンパニーに売却し、実業界からあっさりと引退。余生を過ごすことにしたのである。

しかし、彼の名は実業界を引退してからも世の中にあまねく知られることとなる。「富は神より委託されたもの」との信念に基づき、個人の富を広く社会、人類のために用いることを希望し、数々の慈善事業を行なったからである。たとえば、カーネギーホール、カーネギー工科大学などを設立し、公共事業に私財を投じたのである。カーネギー財団、カーネギーは、一九一九年に八四歳で死去するまでに、三億五千万ドルの資産を投じたといわれている。

没落し、アメリカに移住した貧しい家庭の子であったカーネギーは、事業で成功し、やがて「鉄鋼王」と呼ばれるまでになった。さらに彼は築いた資産をもとに慈善事業を行ない、あらたな成功者を支援する種をまいた。夢を実現し、その夢を未来につなげていく、まさにアメリカンドリームを体現したような人物であった。

ちなみに『トム・ソーヤーの冒険』などを書き、「最初の真のアメリカ人作家」と称されたマーク・トウェーンも、カーネギーと同じ一八三五年生まれ。二〇代で南北戦争を経験した彼らの世代の活躍により、アメリカはよりアメリカらしい国へと変化を遂げていったのである。

▼夢を次代へつないだ二人の同い年

大航海の時代にヨーロッパ人によって、初めて認識された夢の新大陸アメリカ。その後は、独立戦争、南北戦争を経て、夢を体現できる大国へと変貌を遂げていく。そのアメリカは、アジアやアフリカにも影響力を及ぼそうと躍起《やっき》になり、その一つが黒船として日本の浦賀に来航し、日本の歴史を変えていったのである。

動乱の時代の中で、日本の夜明けを目指し、海外への雄飛《ゆうひ》を夢見た龍馬。志半ばで散った彼の夢を継いだかのように、同い年のカーネギーはアメリカの夢《メリカン・ドリーム》を体現。さらに次世代へと夢をつないだのであった。

初代内閣総理大臣と印象派の巨匠

伊藤博文《いとうひろぶみ》
❖……【一八四一～一九〇九】

VS

ルノワール
❖……【一八四一～一九一九】

伊藤博文 ▼欧化政策で近代日本をつくり上げた男

初代内閣総理大臣として知られる伊藤博文《いとうひろぶみ》は、一八四一年、長州《ちょうしゅう》の農民の子として生まれている。長州藩といえば、尊皇攘夷《そんのうじょうい》派の急先鋒《きゅうせんぽう》であり、幕末期に多くの志士たちを輩出《はいしゅつ》したことでも有名である。若き伊藤博文も、久坂玄瑞《くさかげんずい》、高杉晋作《たかすぎしんさく》らとともに吉田松陰《よしだしょういん》の松下村塾《しょうかそんじゅく》に学び、やがて尊皇攘夷思想に身を染めていく。ちなみに安政《あんせい》の大獄《たいごく》で刑死した吉田松陰の、獄中で書かれた遺作『留魂録《りゅうこんろく》』の最後には、「飯田・尾寺《おでら》・高杉・利輔《りすけ》の事も諸人に告げ置きしなり。」と記されている。この「利輔」とは伊藤博文の若き日の呼び名であり、吉田松陰が死の間際まで気にかけていた門下生の一人でもあったといえよう。

彼は、一八六三年にイギリスへ留学したことをきっかけに、開国論へと転換。戊辰《ぼしん》戦争が起こった年（一八六八年）には二七歳であり、維新《いしん》の三傑《さんけつ》と呼ばれた西郷隆盛（四一歳）、大久保利通《としみち》（三八歳）、木戸《きど》孝允《たかよし》（三五歳）らと比較するとまだ若く、とりわけ目立った存在とはいえなかった。だが、一八七七、七八年の二年間に維新の三傑が相次いで没すると、海外渡航経験も豊富な国際通の政治家として中央政権で活躍するようになる。一八八五年、内閣制度を制定、初代内閣総理大臣となり、一八八九年の大日本帝国憲法発布にも中心的役割を果たした。

伊藤博文が盟友井上馨《かおる》とともに進めた政策として有名なのが、欧化《おうか》政策である。彼は、日本も欧米の文化にならうべきだと主張し、周囲の反対を押し切って女官たちの洋装化を推進。鹿鳴館《ろくめいかん》で舞踏会などを催《もよお》した。また、初代首相となった二年後には、首相官邸で四百名の名士たちを集め、きらびやかな仮装舞踏会を開催したとも記録されている。

伊藤博文は、海外で見聞したすぐれた欧米文化に追いつくため、そして政治的には江戸末期に結ばれた不平等条約を改正するために、徹底した欧化政策をとったのである。若い頃には、尊皇攘夷派の志士の一人として活躍した彼も、留学してからは日本を欧米列強と並び立つ国へと発展させるために、日本の伝統を壊し、洋風文化を日本に根づかせる中心的役割を担っていったのである。以前千円紙幣に描かれていた伊藤博文の肖像が洋装であったことはその象徴とはいえないだろうか。一万円札に描かれている七歳年上の福沢諭吉や五千円札に描かれた三一歳も年下の樋口一葉はともに和装である。

この後、日本は、日清《にっしん》・日露《にちろ》戦争で勝利を収めた後、韓国を保護国として現地に統監府《とうかんふ》を置く。その初代統監となったのも、伊藤博文である。しかし、当時の韓国では反日運動も拡大していた。一九〇九年、統監辞職後間もない伊藤博文は、韓国ハルビンの地で、民族運動家の手によって暗殺された。

ルノワール▼日本の文化に影響を受けた印象派の画家

日本でも人気が高い印象派の画家、ルノワールは、伊藤博文と同じ一八四一年、フランス、リモージュで生まれている。幼い頃、一家はパリに移住し、ルノワールは、十三歳の時に陶器の絵付《えつ》け職人の見習いとして働き始める。しかし、産業革命以降、進む産業化、機械化の波は職人から仕事を奪いつつあった。失業した彼は、他の絵付けの仕事を始めるが、徐々に、その心は職人から画家へと移っていく。

一八六一年、二〇歳のルノワールは、シャルル・グレールの画室《アトリエ》に入る。ここで、モネ、シスレーらと出会い、さらに、ピサロやセザンヌなどとも知遇を得たことが、その後の運命に大きな影響を与えていく。彼らは画架《イーゼル》を並べて屋外で作品を描き、色彩や筆触《タッチ》の研究を進めていく。やがて、パレットの上で色彩を混ぜる代わりに、原色の斑点を画布《カンバス》に塗り、見る人の網膜《もうまく》上で色彩を再構成する「色彩分割」や絵の具の凹凸《おうとつ》を画面上に残す「盛り上げ（彩色《ざいしき》）」といった、独特の手法を身につけていく。

この頃の彼らに強い影響を与えたのが、浮世絵などの日本の美術品であった。この頃から彼らが活動していたパリでは、ジャポニスムとも呼ばれる日本ブームが起きていた。きっかけは万国《ばんこく》博覧会である。日本が最初に出品したのは、一八六七年のパリ万博《ばんぱく》であったが、その五年前に開かれたロンドン万博には、イギリス駐日公使が持ち帰った日本の工芸美術品などが展示されており、西洋人に大きな衝動を与えていたのである。特に浮世絵などにみられる鮮やかな色彩、大胆な構図、多めの余白、極端な誇張、無視された遠近感と中間風景、といった技法は、印象派やアール・ヌーヴォーの芸術家たちに感動さえ与えた。

初期には単純に日本的なものを好むという段階（日本趣味）だけであったが、やがて自身の作品にその技法を取り入れるようになってくる。モネは、愛妻に日本の着物を着せ、団扇《うちわ》を背景にした『ラ・ジャポネーズ』という名画を描いたほか、自宅の庭に日本庭園を作り、その池に生息する睡蓮《すいれん》をモチーフに、晩年、二百枚を超える作品を残している。また、ゴッホは、熱心に浮世絵を収集し、『タンギー爺さん』という作品の背景には、六つの浮世絵を描いたり、浮世絵を模写した『花魁《おいらん》』という作品を残したりしている。

こういった他の印象派の画家たちの熱心さに比べると、ルノワールは一定の距離を保ってはいるようだが、名作『ムーラン・ド・ラ・ギャレット』などは色彩の扱い方に浮世絵の影響を受けているといわれている。

また、『団扇を持つ少女』といった日本のモチーフを用いた作品も残しており、その団扇には日本の僧侶と見られる姿も描き出されている。

一八七〇年、ビスマルクらが起こした普仏戦争によって一時、彼らは四散したのだが、やがて斬新な技法を受けつけないサロンに一斉に反発して独自のグループ展を開催する。その第一回展（一八七四年）に出品されたモネの作品『印象‐日の出』から、彼らは「印象派」と呼ばれるようになる。ルノワールは、その中心人物として活動している。

一八八六年の第八回展を最後に印象派展は発展的に解消。その後、ルノワールは、サロンでも成功を収め、肖像画などの注文も受けるようになる。いくつか画風を変え、晩年はリューマチを患《わずら》ったが、手に絵筆を縛りつけながら、死の直前まで描き続けたという。

▼日本文化に対する二人の偉人たちの相反する対応

一八四一年、日本に生をうけた伊藤博文は、若い頃から海外に知見を求め、後に積極的に欧化政策を推進。結果的に江戸時代に育《はぐく》まれてきた日本の文化を衰退させることとなった。そして、同じ年にパリに生まれたルノワールら印象派の画家たちは、浮世絵など、江戸時代の文化に価値を認め、熱心に収集し、自らの作品に活かしていった。

日本の偉人は自ら生まれ育った日本の文化を捨てて欧米の文化を取り入れ、彼が憧《あこが》れてきた西洋人たちは失われゆく日本の文化を追い求めていったという歴史の皮肉がここに見られるのである。

しかし、それもただの皮肉、偶然とは言い切れまい。滝沢馬琴らの項で見たように、日本が独自の文化を開花させていた頃、欧米が産業革命やいくつもの戦争により、国力を充実させてきたことを思い返していただければ、その理由も推測できるのではないだろうか。

日本の発明王と大空への夢を実現させた男

豊田佐吉《とよださきち》 【一八六七〜一九三〇】

VS

ライト兄弟（兄・ウィルバー） 【一八六七〜一九一二】

豊田佐吉 ▼取得特許は八四！　日本の発明王

伊藤博文が進めた欧化政策に象徴されるように、日本は文明開化、殖産興業の道をひた走り、技術の発展に努めた。その日本の技術革新に大きな影響を与えたのが豊田佐吉《とよださきち》である。彼は、大政奉還の行なわれた一八六七年、遠江《とおとうみ》国山口村（後の吉津《きづ》村　現在の静岡県湖西《こさい》市）に生まれている。生家は農業兼務の大工《だいく》で、決して裕福な家庭ではない。小学校卒業後は父について、習い大工の仕事をしていたという。

一八八五年、佐吉が十八歳の時に専売特許条例が公布され、彼は大いに刺激を受けた。発明によって貧しさから脱皮しようという思いから、発明家を志したのである。時に明治も十八年になり、維新の動乱も落ち着き、日本全体に諸外国へ追いつき、追い越そうという気概が強く感じられた頃であった。

翌年、佐吉は東京に出て、工場や造船所などを見学して回り、故郷に帰ると発明に没頭した。一八九〇年、東京上野で内国勧業博覧会《ないこくかんぎょうはくらんかい》が開催されると、彼は二週間かけて会場を見学し、大いに啓発されて再び故郷へと帰ったという。

佐吉の故郷、静岡県は機織《はたおり》の盛んな地区だったこともあり、彼の発明は、まず織機《しょっき》に向けられた。一八九一年、「豊田式木製人力織機」と名づけられた改良織機の特許を取得。これが彼の特許第一号となる。その後、彼の関心は動力を使った自動織機に移っていく。

一時、東京浅草で機屋《はたや》を開業したが、やがて故郷に戻り、一八九五年に糸繰返機《かせくりき》（いとくりかえしき）の特許を得ると、それが爆発的な売上げをもたらした。さらに、豊田商店を開業後、豊田式木製動力織機を開発。豊田佐吉の発明は天下に知れわたることとなる。彼が発明したG型自動織機は大英科学博物館に、スティーブンソンの蒸気機関車やアポロ一〇号の司令船らとともに常設展示されているという。その後、井桁《いげた》商会、豊田紡織株式会社らを設立、さらに上海《シャンハイ》に豊田紡織廠《しょう》を設立するなど、実業界でも活躍を繰り広げている。

豊田佐吉は一九三〇年、六三歳で生涯を閉じた。生前取得した特許は八四件もあったという。最初に特許を取得したのが一八九一年であるから、毎年平均二つ以上の特許取得を約四〇年間にわたり取得し続けた計算になる。また彼は、国産自動車の開発を長男豊田喜《き》一郎《いちろう》に勧め、それが後年、世界に名だたる大企業となるトヨタ自動車工業（現・トヨタ自動車）の設立へとつながっていくのである。

ライト兄弟(兄・ウィルバー)▼大空を鳥のように飛ぶ夢を叶《かな》えた男たち

人類初の動力付き飛行機の実験に成功したライト兄弟。兄のウィルバー・ライトはアメリカ、インディアナ州で一八六七年に生まれ、弟のオービルは四年後にオハイオ州で生をうけた。兄弟は牧師の子として生まれ、幼い頃から機械工作を得意としていた。二人は、印刷業を営《いとな》んだ後、一八九二年、自転車の修理販売店を開店。やがて自転車の製造も始めている。

後に人類最大の夢でもあった大空への飛翔《ひしょう》を遂げた二人の若者は、在野の技術者であり、発明家であった。彼らと世界初の飛行実験成功の実績を争うことになるラングレーが、大学の教授であり、アメリカの教育・研究所、そして博物館の運営を行なっているスミソニアン協会の会長でもあったのと対照的である。

やがて、機械好きの兄弟は、ドイツの航空研究家であるリリエンタールの航空実験とその死をきっかけとして、飛行機の研究を始めた。兄弟は熱心に研究を進め、グライダーの飛行実験などを繰り返し、ついに一九〇三年、ノースキャロライナ州キティホークで運命の飛行実験を行なうこととなった。兄のウィルバー三六歳、弟のオービルが三二歳。彼らの憧れでもあったリリエンタールの死の七年後のことであった。

彼らは飛行に最適な風が吹く場所としてキティホークを選び、町の住民を実験に招待したというが、世紀の実験を目《ま》の当たりにした見物人は五人程度だったといわれている。飛行実験はウィルバーとオービルが交代して操縦桿《そうじゅうかん》を握り、四回の実験中、もっとも滞空時

間が長かったのは四度目の実験で、飛行時間は五九秒、飛行距離は二六〇mであった。現在の飛行技術からすれば、ほんのわずかな時間にすぎないが、この一分足らずのフライトが、世界の歴史を大きく変える第一歩となったのである。
その後、約一年ごとに改良機を開発し、一九〇五年に開発した三号機は三〇分を超える滞空時間を記録。方向転換や旋《せん》

回《かい》などもできるようになったという。一九〇六年には特許も取得した。しかし、特許はなかなか思うように行使できず、その後の彼らは訴訟等に悩まされるようになる。

しかも、アメリカのスミソニアン協会は、ライト兄弟の功績を認めず、世界最初の飛行機を製作したのはラングレー教授であるとの立場をとり、歴史的な彼らの実験機ライトフライヤー一号は博物館等に飾られることもなく、逆にラングレー教授の飛行機の復元機が世界初の飛行機としてワシントン国立博物館に展示されることとなった。

そんな時、遠くイギリス、ロンドンの科学博物館から、記念すべきライトフライヤー一号を展示したいとの要請が届く。こうしてライトフライヤー一号は、海を渡ることになったのである。その後、紆余曲折《うよきょくせつ》を経て、スミソニアン協会もライト兄弟の偉業を認めることとなり、一九四八年十二月、ライトフライヤー一号は故国に戻った。スミソニアン協会が運営するワシントンの国立航空宇宙博物館には、現在も、人類の夢を叶えた記念すべき機体が展示されているのである。

しかし、ウィルバーは、ライトフライヤー一号が帰国した年の五月に、腸チフスで死亡していた。自らが製作した機体の凱旋《がいせん》帰国に立ち会うことはできなかったのである。

▼世界が明日を夢見た。産業革命による科学技術の発展が世界を変えていった

今日より明日、そして未来は、もっと文明が進化し、便利な時代が来る。こういった発想は産業革命以降に顕著になっていったのではないだろうか。産業革命は十八世紀末頃からイギリスで始まった。これによりイギリスは「世界の工場」として名を馳《は》せ、国際社会で優位な位置を保つようになる。やがて産業革命はヨーロッパに、そして世界各国へと広まっていく。ドイツとアメリカは遅れて産業革命を経験した国ではあるが、十九世紀後半には大きく科学技術を発展させ、世界をリードしていくようになる。これが二〇世紀に入り、人類の夢、ライト兄弟による有人飛行の成功へとつながっていく。

日本は十九世紀末から産業革命が始まったといわれているが、まさに豊田佐吉が活躍していた頃がこれに当たる。彼は、発明家や実業家として日本の産業革命をリードしていく存在だったのである。

イギリスから始まった産業革命は、約一世紀を経て多くの国々へと広がり、科学技術を進歩させ、よりよい明日を作り出すという発想を人々に植えつけていったのである。

人物伝
日本　豊田佐吉
世界　ライト兄弟(兄・ウィルバー)

COLUMN-04

まだまだいるゾ! 同い年&同世代人!…〈幕末維新編〉

日本	◀VS▶	世界
江戸を戦火から救った坂本龍馬の師 **勝《かつ》海《かい》舟《しゅう》**(1823-99)	同い年	『昆虫記』で有名なフランスの昆虫学者 **ファーブル**(1823-1915)
倒幕の指導者でありながら西南戦争で散った男 **西《さい》郷《ごう》隆《たか》盛《もり》**(1827-77)	1歳差	『戦争と平和』などで著名なロシアの文豪 **トルストイ**(1828-1910)
土佐勤王党を創設した土佐を代表する志士 **武《たけ》市《ち》半《はん》平《ぺい》太《た》**(1829-65)	同い年	白人に抗《あらが》ったアパッチ族の首長 **ジェロニモ**(1829-1909)
三菱財閥の基礎を築いた土佐出身の政商 **岩《いわ》崎《さき》弥《や》太《た》郎《ろう》**(1834-85)	同い年	ダイムラー自動車を創設したドイツの機械技術者 **ダイムラー**(1834-1900)
近代日本の礎を築いた一二二代天皇 **明《めい》治《じ》天皇**(1852-1912)	5歳差	白熱電球、蓄音機などを作った発明家 **エジソン**(1847-1931)
初の平民宰相といわれた立憲政友会総裁 **原《はら》敬《たかし》**(1856-1921)	同い年	国際連盟創設などに尽力した米大統領、ノーベル平和賞受賞者 **ウィルソン**(1856-1924)
軍医としても活躍した明治の文豪 **森《もり》鷗《おう》外《がい》**(1862-1922)	同い年	『青い鳥』などで有名なノーベル文学賞受賞者 **メーテルリンク**(1862-1949)
『吾輩は猫である』『坊ちゃん』などで著名な国民的文豪 **夏《なつ》目《め》漱《そう》石《せき》**(1867-1916)	同い年	女性初のノーベル賞受賞者&史上初の二部門受賞者 **マリー・キュリー**(1867-1934)

［第五章］「近現代の日本」と世界

日本 日清・日露戦争〜太平洋戦争、戦後復興

世界 ロシア革命、第一次・第二次世界大戦、冷戦

PROFILING-21
▶秋山真之 vs レーニン

PROFILING-22
▶竹久夢二 vs モディリアーニ

PROFILING-23
▶松下幸之助 vs ヒトラー

PROFILING-24
▶川端康成 vs ヘミングウェイ

PROFILING-25
▶手塚治虫 vs ニール・アームストロング

『一輝まんだら』より

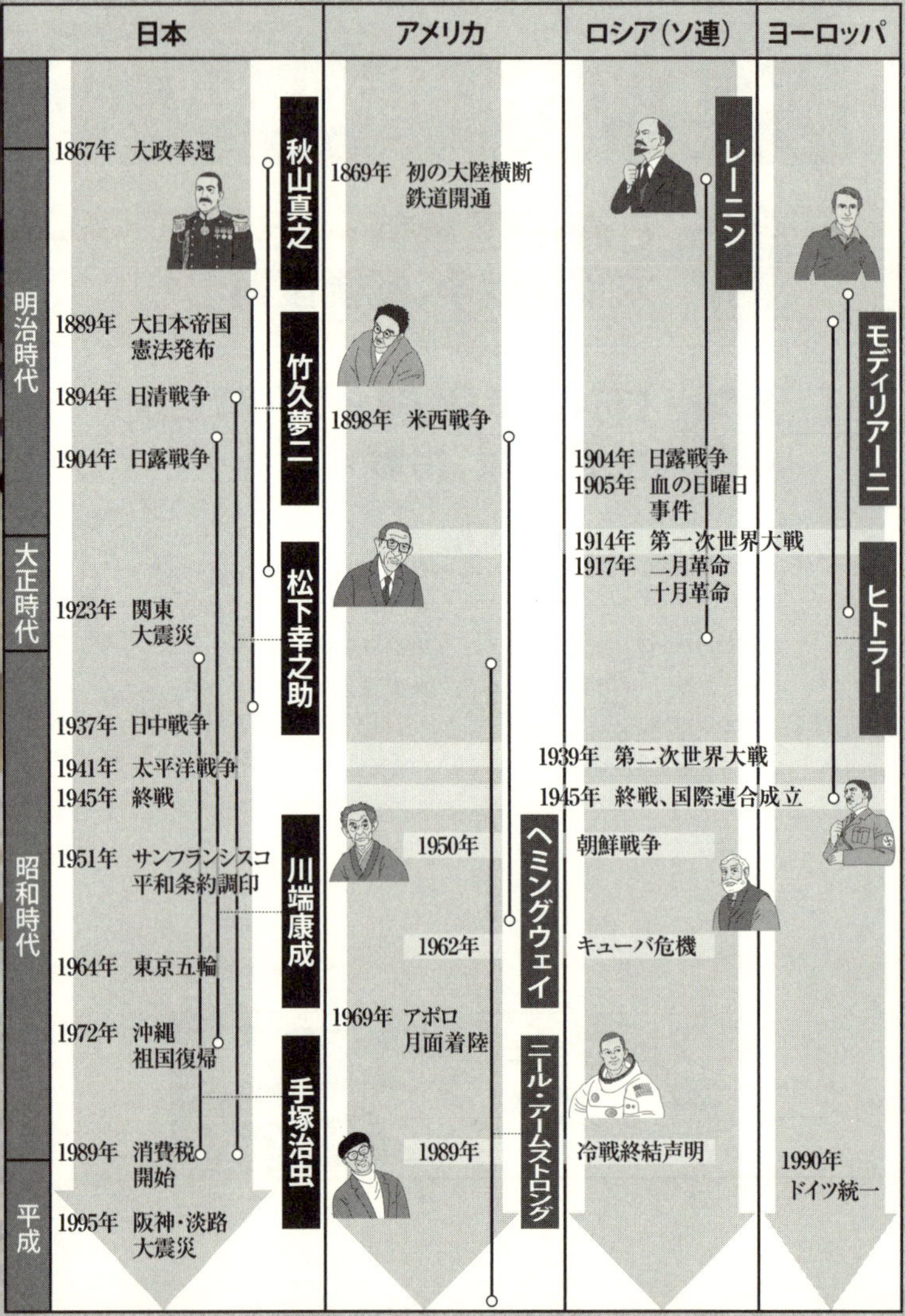
日本
アメリカ
ロシア(ソ連)
ヨーロッパ
明治時代
大正時代
昭和時代
平成
1867年 大政奉還
1889年 大日本帝国憲法発布
1894年 日清戦争
1904年 日露戦争
1923年 関東大震災
1937年 日中戦争
1941年 太平洋戦争
1945年 終戦
1951年 サンフランシスコ平和条約調印
1964年 東京五輪
1972年 沖縄祖国復帰
1989年 消費税開始
1995年 阪神・淡路大震災
秋山真之
竹久夢二
松下幸之助
川端康成
手塚治虫
1869年 初の大陸横断鉄道開通
1898年 米西戦争
1969年 アポロ月面着陸
ヘミングウェイ
ニール・アームストロング
レーニン
1904年 日露戦争
1905年 血の日曜日事件
1914年 第一次世界大戦
1917年 二月革命 十月革命
1939年 第二次世界大戦
1945年 終戦、国際連合成立
1950年 朝鮮戦争
1962年 キューバ危機
1989年 冷戦終結声明
モディリアーニ
ヒトラー
1990年 ドイツ統一

その時…

日本 日清・日露戦争、大正時代

世界 ロシア革命、第一次世界大戦

開国後、欧米に並び立つために、日本が懸命の努力をしていた一八八〇年代以降、欧米では列強同士の植民地獲得争いが激化し、多くの対立が繰り広げられていた。そのような中、日本もまた朝鮮半島に勢力を広めようと図り、日清《にっしん》戦争（一八九四年）、日露《にちろ》戦争（一九〇四年）を戦うことになる。その列強の一翼《いちよく》ロシアと戦った日露戦争で大きな活躍をしたのが、**秋山真之《さねゆき》**である。後に、司馬遼太郎《しばりょうたろう》の小説『坂の上の雲』の主人公としても知られるようになるこの男は、日本海軍きっての策略家として勇名《ゆうめい》を馳《は》せた。一方、対戦相手のロシアでは、戦争以外にも大きな出来事が起きていた。第一次ロシア革命である。また、日露戦争の後、世界では第一次世界大戦が起こり、この最中

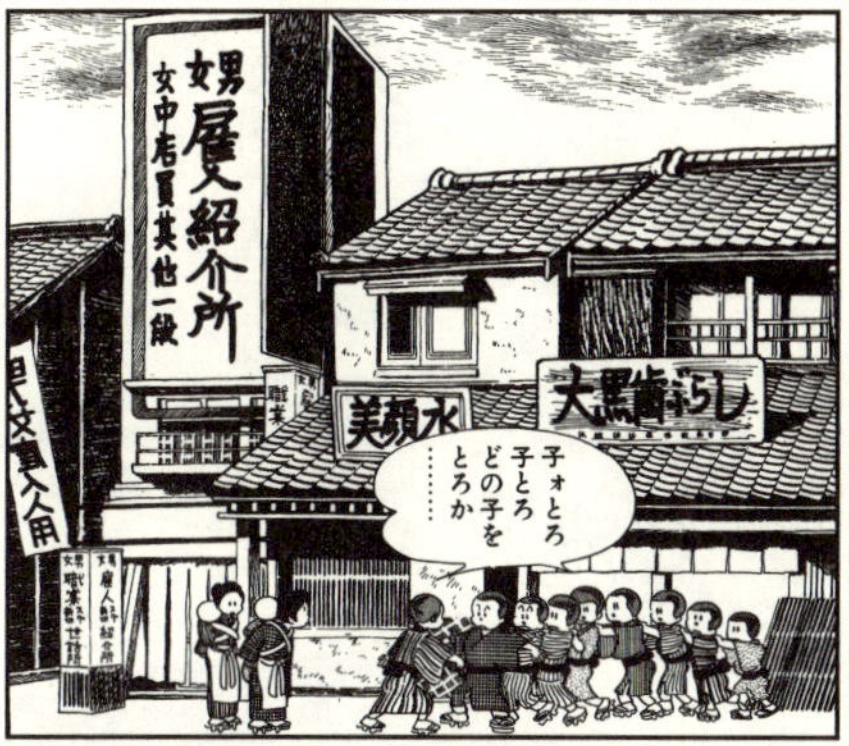

明治の風景。まだ世の中はほのぼのとしていた
（『一輝まんだら』より）

日本は日清・日露戦争に勝利し、国際的地位を高めていった
（『一輝まんだら』より）

に、ロシアでは革命が起こる。このロシア革命に大きな影響を及ぼしたのが、**レーニン**である。レーニンは世界初の社会主義政権を樹立し、世界の歴史を大きく変えていったのである。

第一次世界大戦が起きた時、日本は大正時代であった。この時代には大正デモクラシーと呼ばれた民本主義《みんぽんしゅぎ》などの思想が盛んとなり、一九二五年には普通選挙法が生まれている。また、「大正浪漫《ろまん》」とも呼ばれる独特の大衆文化が発展した時代でもあったが、それを牽引《けんいん》した一人といえるのが**竹久夢二《たけひさゆめじ》**であろう。そんな夢二と同じ年に生まれたイタリアの画家に**モディリアーニ**がいる。日欧に同時期に生まれた天才画家は、それぞれの感性で美人画を描き、後の世まで人々の称賛を得ることになる。

第一次世界大戦の後、主戦場となったヨーロッパでは、敗《やぶ》れたドイツ、オーストリアなどはもとより、戦勝国であるイギリスやフランスまでも、その国力を費《つい》やし、大きな痛手をこうむった。代わって台頭したのがアメリカである。アメリカは、大戦後の一九二〇年代には「永遠の繁栄」と呼ばれた好況期を謳歌《おうか》した。しかし、そのアメリカで一九二九年、株価が大暴落。これを機に世界は恐慌《きょうこう》へと陥《おちい》ったのである。

その時… 日本 太平洋戦争、戦後復興 世界 第二次世界大戦、冷戦

世界恐慌が始まると、イギリスやフランスなど、多くの植民地を持つ国は、自国と植民地等だけで経済圏を築き、経済の安定を図った（ブロック経済）。一方、ドイツ、イタリア、日本など、多くの植民地を持たざる国では、独裁的な政権が力を持ち、他国への侵攻等を意図するようになる。

やがてドイツ、イタリア、日本は同盟を組み、イギリス、フランス、アメリカから、連合国との間で戦いの火蓋《ひぶた》が切られた。第二次世界大戦である。

（上）日本の真珠湾攻撃で太平洋戦争が始まる
（下左）空襲で逃げ惑う人々（下右）戦局を大きく変えたノルマンディー上陸作戦
（すべて『アドルフに告ぐ』より）

ドイツを大戦へと導いたのが**ヒトラー**である。当初は、連勝を続け、フランスのパリまでも陥落させるが、やがてノルマンディー上陸作戦などで反撃に出た連合国軍の前に敗北。ヒトラーは自害し、ドイツは降伏する。その後、日本も無条件降伏し、第二次世界大戦は終了することになる。戦時中、軍需《ぐんじゅ》を請《う》け負《お》っていた**松下幸之助**《まつしたこうのすけ》も、戦後は、民需に切り替え、敗戦からの復興に大きく寄与する。会社を発展させ、「経営の神様」と呼ばれるようになった松下ら一流の経済人の活躍により、日本は奇跡と呼ばれる経済復興をなし遂げたのである。

終戦後の日本を心身ともに立ち直らせたのは、松下幸之助ら経済人だけの功績ではな

（上）出征する兵隊を送り出す人々（『アドルフに告ぐ』より）
（下）零式戦闘機（『ゴッドファーザーの息子』より）

(右)日本は焼け野原から出発した
(『1985への出発』より)
(左)戦後、日本はGHQの占領下に入った
(『奇子』より)

かった。たとえば、復興期の日本人に大きな希望を与えたのが湯川秀樹《ゆかわひでき》博士のノーベル物理学賞受賞などである。その後も物理学賞を中心に日本はノーベル賞受賞者を多数輩出《はいしゅつ》するようになっていく。一九六八年、初めて文学賞を受賞したのが**川端康成**《かわばたやすなり》であった。そんな川端康成と同じ年に生まれたのが、アメリカの文豪**ヘミングウェイ**である。二つの大戦を経験した人間たちが次の世代の文化を担うこととなるのである。

手塚治虫《てづかおさむ》もまた、戦中、戦後を生き抜き、人々に希望を与えた人物である。『紙の砦《とりで》』、『アドルフに告ぐ』などで戦争の悲惨さ、理不尽《りふじん》さなどを描いた彼は、『鉄

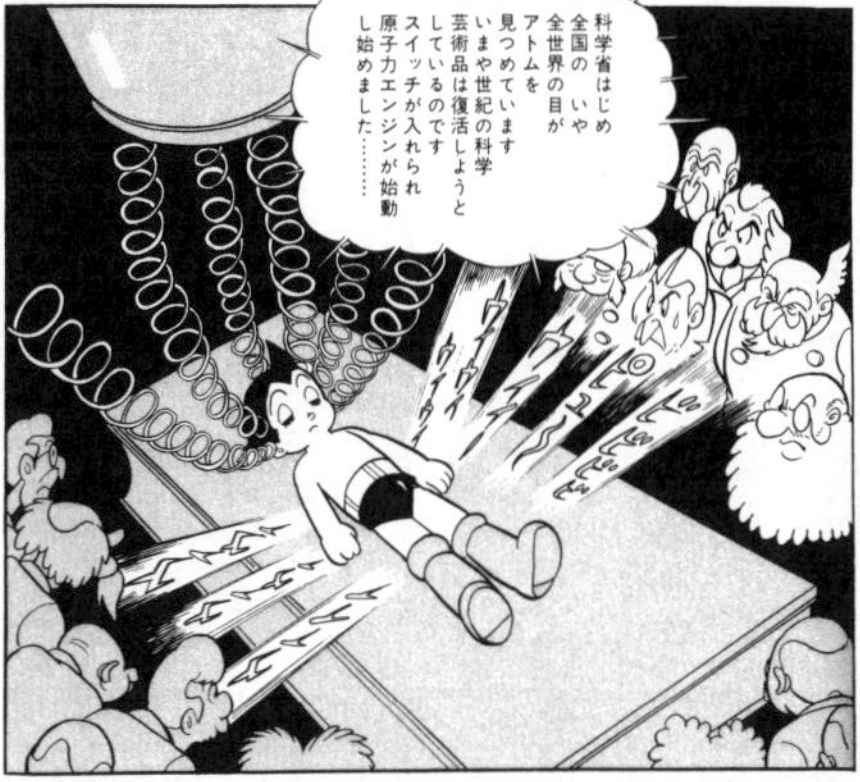

(右)東京オリンピックは日本の経済成長の大きな契機となった(『よろめき動物記』より)

手塚治虫の作品は多くの人に夢を与えた
(左上)『鉄腕アトム』
(左中)『火の鳥』
(左下)『ブラック・ジャック』

腕アトム』などで科学の進歩と、未来への課題などを示唆《しさ》していった。人類は文明をますます発展させ、やがて世は宇宙時代を迎える。初めて地球外天体に第一歩をしるしたのが、アポロ十一号で月面着陸した**ニール・アームストロング**船長である。その後も、科学の発展に尽くした彼らの努力の成果と夢の行く末は、私たち今を生きる人々に託されているのである。

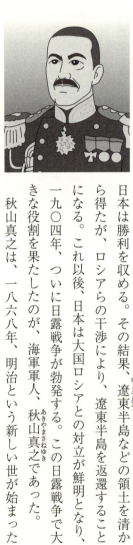

日露戦争で活躍した軍人とロシア革命指導者

秋山真之《あきやまさねゆき》 【一八六八〜一九一八】

VS

レーニン 【一八七〇〜一九二四】

秋山真之 ▼坂の上の雲を追いかけた天才軍人

明治の世となり、急速に近代化を遂げつつあった日本は、朝鮮半島へ勢力を広げようとした。そのため、朝鮮を属国とみなしていた清国《しんこく》と対立。一八九四年、日清戦争が起き、日本は勝利を収める。その結果、遼東《りょうとう》半島などの領土を清から得たが、ロシアらの干渉により、遼東半島を返還することになる。これ以後、日本は大国ロシアとの対立が鮮明となり、一九〇四年、ついに日露戦争が勃発する。この日露戦争で大きな役割を果たしたのが、海軍軍人、秋山真之《あきやまさねゆき》であった。

秋山真之は、一八六八年、明治という新しい世が始まった年に、四国の松山で生をうけた。男五人、女一人という六人兄弟の五男であり、九つ上の兄（三男）が、後に陸軍大将となる秋山好古《よしふる》である。他の三人の兄と長女は早世していたり、病であったり、または他家へ養子に出たりしている。後に真之は、地元の松山中学校に入学。同級生に、俳人、歌人として有名な正岡子規《まさおかしき》がいた。

一八八三年、十五歳の時、すでに陸軍士官学校を卒業し、騎兵少尉となっていた兄、好古の招きもあり、上京。翌年、東京大学予備門に入校する。やがて旧友、正岡子規と下宿生活を送ることになる。一八八六年、文学の道を志す子規と袂《たもと》を分かち、海軍兵学校へ入校、後に首席にて卒業を果たす。

その頃、東アジア情勢は緊張の度合いを高めており、一八九四年、日清戦争が勃発する。真之、二六歳の年である。真之も第四遊撃隊軍艦「筑紫《つくし》」の航海士として従軍するも、大きな戦功があったとはいえない。一方、兄の好古は、陸軍第一師団騎兵第一大中隊長として活躍していた。

真之に大きな転機が訪れたのは、一八九七年、アメリカ留学の機会を得た時である。現地での彼は、元海軍大学校長で『海上権力史論』などで著名なマハン大佐等の指導を受けたほか、アメリカ・スペイン戦争を視察し、戦術家としての才能を開花させた。

一九〇〇年に帰国後は常備艦隊参謀となり、四年後の日露戦争では日本の勝利に多大な貢献をする。日本とロシアの勝敗の雌雄《しゆう》を決することになる日本海海戦では、旗艦「三笠《みかさ》」に、アルファベットの最後の文字「Z」を示す旗《はた》を掲《かか》げ、「皇国《こうこく》の興廃《こうはい》此《こ》の一戦に在《あ》り。各員一層奮励《ふんれい》努力せよ」の意味を持たせ、士気を高めた。また、敵艦隊前方を横切る丁字《ていじ》戦法などを用い、戦いを圧勝に導いたのである。

戦後、真之は海軍大学校教官、第一艦隊参謀長、軍務局長などを歴任。海軍中将となり、一九一八年、病没する。一方、兄、好古は、真之没後も長寿を保ち、陸軍大将にまでなり、七一歳で没している。

日本が盛んに勢力を伸ばし、国際社会での地位向上という坂を上りつつあった時を生きた秋山兄弟は、その軍事的役割を大いに果たし、静かに永眠したのである。

レーニン ▼ロマノフ朝の専制政治を終わらせた革命家

日本と日露戦争を戦ったロシアは、一六一三年よりロマノフ朝の皇帝《ツァーリ》による専制政治体制が約三百年にわたり続いていた。ロマノフ王朝は、日本の江戸幕府より、一〇年ほど遅く始まり、半世紀ほど長く存続したことになる。ロマノフ王朝の末期には、日露戦争と第一次世界大戦という二つの戦争を経験。しかも、どちらの戦時中にも、革命が起こるという不安定な状況に陥っていた。革命に大きく関わり、ロシア史のみならず、世界の歴史に大きな影響を与えたのがレーニンである。彼の本名はウリヤーノフといい、「レーニン」は数あるペンネームの中の一つであるが、本書では、通例にならい「レーニン」で統一する。

レーニンは、一八七〇年、ヴォルガ河畔のシンビルスクに生まれている。父親は中学校長などを務めた教育者であり、解放農奴から貴族になった人物でもあった。レーニンら兄弟は、その父のもと、身分制度などについても学んだという。その後、一八八七年、レーニン十七歳の年に衝撃的な事件が起こる。兄のアレクサンドルが皇帝暗殺事件に関与し、処刑されたのである。同年、カザン大学に入学したレーニンもまた学生運動に加わり、逮捕され、退学処分を受けることになる。彼が大学に在籍していた期間は、わずかに四カ月であった。

その後、彼はマルクス主義に触れ、執筆活動も行ない、弁護士の資格も取得している。後に労働者階級解放闘争同盟を結成。社会主義思想を喧伝《けんでん》し、逮捕、投獄され、一八九七年に流刑となる。流刑地は極寒《ごっかん》のシベリアであった。一九〇〇

年には釈放となるも、同年、西ヨーロッパに亡命。それからしばらく、レーニンは亡命生活を送ることになる。

一九〇四年、日露戦争が勃発。日本が有利に戦いを進めていた頃、ロシア国内では、大きな事件が起きていた。続く敗戦に国内が不安なムードに包まれていた時、司祭《しさい》に率いられた労働者らのデモ隊が平和請願のために皇帝のいる宮殿、冬宮《とうきゅう》へ向かうと、軍がデモ隊に発砲し、多数の死傷者が出たのである。この「血の日曜日事件」と呼ばれた事件をきっかけにして、農民運動、労働者のストライキなどが頻発。軍隊の反乱にまで発展したのである（第一次ロシア革命）。ロシアがまだ戦えたのに日露戦争の講和に走ったのは、このような国内での政情不安が、大きな理由の一つであった。その後、いったん皇帝が歩み寄りを見せたため、革命は収束に向かったのだが、時が経つに連れ、再び皇帝の専制色が強まっていく。

その後、世界はドイツ、オーストリア、イタリアらの同盟国とイギリス、フランス、ロシアらの協商国との対立が激しくなり、第一次世界大戦が勃発する。戦時下の一九一七年、再びロシアでは革命が起き、ついに皇帝が退位。しかし、その後を受けた臨時政府は戦争を継続する。不安定な状況が続く中、亡命先から帰国したのがレーニンであった。革命の指導者となった彼は、臨時政府を倒し、世界初の社会主義政権を樹立したのである。

新政権は、ドイツと講和条約を結び、戦うのをやめてしまう。その後、反革命勢力との内戦や諸外国の軍事干渉が起こるも、これと戦い抜き、鎮静化に成功する。さらに経済の立て直しを図りつつ、一九二二年、ロシア、ウクライナ、ベラルーシ（白ロシア）、ザカフカースが連合。ソヴィエト社会主義共和国連邦が結成されたのである。しかし、ソ連の発足を見る前にレーニンは病で倒れてしまう。病状は回復の兆しを見せず、一九二四年、世紀の革命家はその生涯を閉じた。遺体は、処理を施《ほどこ》され、今も生前の姿のまま廟《びょう》に安置されている。

▼ロシア、ロマノフ王朝と戦った二人の同世代人

秋山真之は日露戦争で、皇帝《ツァーリ》率いるロシアと戦い、これを破った。一方、レーニンは革命を主導し、社会主義政権を樹立した。それぞれの立場で、専制的ロマノフ王朝と戦った二人は二歳違いの同世代人であった。

大正浪漫を代表する芸術家と独特の美人画で有名な画家

竹久夢二《たけひさゆめじ》
❖……【一八八四～一九三四】

VS

モディリアーニ
❖……【一八八四～一九二〇】

竹久夢二▼異性との出会いから名画を生んだ画家

明治天皇が崩御《ほうぎょ》し、大正時代（一九一二～一九二六年）となると、世相にも少しずつ変化が現われる。社会的には一九一八年、米騒動《こめそうどう》が起こり、時の寺内内閣が総辞職。その跡を受けて初の平民宰相、原敬《はらたかし》が組閣したのも大正時代であった。また、この時代には大正デモクラシーと呼ばれる自由主義、民主主義的風潮が盛んとなり、一九二五年、加藤高明《たかあき》内閣のもとで普通選挙法が成立する。大衆文化が大きく発展したのもこの時代で、『週刊朝日』、『サンデー毎日』などの週刊誌や『主婦之友』、『キング』、『少年倶楽部《くらぶ》』などの雑誌が創刊している。また、ラジオ放送や活動写真と呼ばれた無声映画が始まり、日活《にっかつ》や松竹《しょうちく》が創立されている。文学の世界では芥川龍之介《あくたがわりゅうのすけ》の『羅生門《らしょうもん》』、谷崎潤一郎《たにざきじゅんいちろう》の『刺青《しせい》』などが発表され、武者小路実篤《むしゃのこうじさねあつ》、志賀直哉《しがなおや》らの白樺派《しらかばは》が活躍した。そんな時代のイメージを視覚化したものとして、竹久夢二《たけひさゆめじ》のロマンチックな絵画《かいが》を挙げることができよう。

竹久夢二は、一八八四年、岡山に生まれている。彼が家出《いえで》して上京したのは十七歳の年。当初は詩人を目指していたという。早稲田実業学校に入学後、新聞や雑誌にイラストを投稿するなどして日々を過ごしていた。やがてほぼ独学で学んだ絵画の世界で頭角を現し、新聞、雑誌などの挿絵《さしえ》が好評を博していった。

竹久夢二の描く「夢二式美人画」には、女性たちとの出会いが大きな影響を及ぼしている。最初の女性は、絵葉書屋を経営する年上の女性、他万喜《たまき》であった。彼女と夢二は結ばれ、子どもにも恵まれるが、やがて離婚することになる。次に出会ったのが、他万喜の店に出入りしていた画学生彦乃《ひこの》であった。夢二は周囲の反対を押し切り京都に移り、彦乃と暮らし、彼女をモデルに、たくさんの絵を描いたという。しかし、二人の幸せな生活は長くは続かなかった。彦乃は二〇代の若さで結核《けっかく》のためこの世を去ったのである。彦乃を失った悲しみを抱えた夢二は、やがてモデルを職業としていたお葉《よう》という女性と出会うが、彼女との恋もまた、破局に終わってしまう。しかし、夢二が愛した三人の女性との出会いは、『黒船屋《くろふねや》』などの作品に生き、今も人々を魅了してやまない。

夢二が愛し、その作品に影響を与えた女性をもう一人挙げよう。他万喜と離婚した翌年、房総方面に避暑に赴《おもむ》いた夢二は、その地でやはり避暑に来ていたうら若き女性カタと出会う。夏の宵《よい》、二人はたびたび散歩に出かけ、つかの間の逢瀬《おうせ》を楽しんだという。やがて夏が過ぎると二人はそれぞれの家へ帰ることになった。しかし、彼女の父は娘の結婚を急がせ、とうとう彼女は別の男のもとに嫁いでしまう。翌年、再びかの地を訪れた夢二はひと夏の恋が終わったことを知る。その頃と同じ季節、同じ場所を訪ねても、他家へ嫁いだ彼女にはいくら待てども、もう二度と会うことができない。この悲恋を夢二は詩に綴《つづ》った。

待てど暮らせど来ぬ人を　宵待草《よいまちぐさ》のやるせなさ　今宵は月も出ぬさうな《そ》

『宵待草』と名づけられたこの詩にはメロディーがつけられ、多くの人々に愛されるようになった。詩人としての竹久夢二を一躍有名にしたエピソードである。

やがて夢二は一九三四年、この世を去る。死因は、彼が心から愛しながら先立たれた彦乃と同じ結核であった。

モディリアーニ▼酒と麻薬におぼれたモンパルナスの貴公子

一八八四年、イタリアに生まれたモディリアーニは、幼少の頃から病弱であった。彼の母親は転地療養のためイタリア各地を巡《めぐ》らせるが、その時さまざまな芸術に触れたことが、彼の才能を開花させるきっかけとなった。

ベニスなどで美術学校に通った後、二二歳でパリに移住。当初、モディリアーニは、絵画よりも彫刻の世界に魅《み》せられていたのであるが、彫刻の材料は高価でなかなか買えず、一時は工事現場の石材や工事中の線路の枕木《まくらぎ》を使って作品を制作していたという。しかし、彫刻は病弱な彼には苦痛を伴う力仕事であったし、粉塵《ふんじん》は結核を病んでいた彼の体を、より痛めつけることになる。やがて彼は彫刻を断念し、絵画の道へと進む。しかし、彼の描いた細長い顔、瞳のない目などの肖像画にはアジア、アフリカなどの民族美術に影響を受けた彼の彫刻家としての経験が活かされているという。

一九一四年、第一次世界大戦が勃発。モディリアーニのもとにも兵役の話は来たが、生来の病弱さから不適格とされ、従軍することなく芸術に没頭することができた。

貧困の中、生きるために絵画を描き続けた彼の生活は、酒と麻薬におぼれた日々でもあった。そのような生活は結核という持病をもつ彼の体を一層蝕《むしば》んでいく。そんな彼に運命の出会いが訪れた。一生添い遂げることになる画学生ジャンヌ・エビュテルヌとの出会いだ。一九一七年、三三歳の年である。痩身《そうしん》の彼女は、モディリアーニにとって、最良のモデルでもあった。二人は同棲し一女をもうけ、彼女をモデルにして多くの絵を描き上げた。しかし、モディリアーニの貧困生活は変わることなく、酒と麻薬の日々は続き、病状は悪化していく。

ようやく彼の絵が売れ始めようとしていた矢先の一九二〇年一月、結核が彼の命を奪う。「モンパルナスの貴公子」と呼ばれたモディリアーニは、三六年という短い生涯を終える。最愛の女性にして最良のモデルでもあったジャンヌと出会ってから、わずかに三年足らず。彼女は第二子を身ごもっていたという。

けれども、モディリアーニが亡くなった二日後、ジャンヌは自宅の窓から飛び降りる。自ら命を絶って、天国でモディリアーニのモデルになることを選んだのである。

若くして娘を失ったジャンヌの両親は、当初、モディリアーニと一緒に彼女を葬ることを認めなかったが、一〇年の時を経て、ようやくモディリアーニとジャンヌは一緒にパリに葬られることになった。そして、二人の遺《のこ》した娘はモディリアーニの姉によって育てられ、やがて父母と同じように美術関連の道を進むことになったのである。

▼若くして天に召された二人の天才画家

日本とイタリアで同じ年に生をうけた二人の天才画家は、惜しまれつつも若くして同じように結核で命を落としている。しかし、愛に生き、芸術に魂を打ち込んだ二人の、どこか似たところのある面長《おもなが》の美人画は、今も人々の心に感動を与え続けている。

竹久夢二やモディリアーニが活躍していた時代、日本でいう大正時代は、ヨーロッパを中心に第一次世界大戦が繰り広げられていた時代でもある。そして大戦後、モディリアーニの死から二年後の一九二二年、彼の故郷イタリアでは、ファシスト党のムッソリーニが首相に任命されている。また、日本では普通選挙法が成立したのと同じ一九二五年に治安《ちあん》維持法《いじほう》が成立し、竹久夢二の死後二年経った一九三六年には二・二六事件が起こっている。次の悲劇へ向かって、時代は確実に歩みを始めていたのである。

戦後復興を支えた経営の神様と第二次大戦を起こした独裁者

松下幸之助《まつしたこうのすけ》
【一八九四〜一九八九】

VS

ヒトラー
【一八八九〜一九四五】

松下幸之助 ▼丁稚奉公から始めた経済人

松下幸之助《まつしたこうのすけ》が生まれたのは、一八九四年。日清戦争が始まった年である。和歌山県の資産家の家に生まれた八人兄弟の三男であったが、その家庭環境は幼くして大きく変わることになる。五歳の時に父が米相場に手を出して失敗、家や土地も人手に渡る。それから数年のうちに、長兄、次兄、次姉が相次いで病没。幸之助は小学校を四年で中退し、火鉢《ひばち》店、続いて自転車屋で丁稚奉公《でっちぼうこう》をする。最初の給与（小遣《こづか》い）は月二回、五銭ずつだったという。

やがて青年期を迎え、将来について考えた幸之助は、大阪などで路面電車が盛んになっていることに思いを馳《は》せ、これからは電気の時代だと思い到《いた》る。長年世話になった店に暇をもらい、大阪電灯に見習工《みならいこう》として入社したのが十六歳のことであった。

電気の仕事が性《しょう》に合っていたのか、幸之助は、異例ともいわれる出世を果たす。しかし、さらなる成功を求めた幸之助は、新型のソケットを自ら開発。ところが、社内での反応が悪かったことから退職、独立の道を選び、一九一八年、大阪に松下電気器具製作所を創業した。二四歳の春のことである。

創業後は、失敗も経験したが、それ以上に成功を重ね、会社はどんどん大きくなっていく。しかし、一九二九年、ニューヨークでの株価暴落に端《たん》を発《はっ》する世界恐慌の荒波が松下電器にも襲いかかった。在庫は増え、人員整理もやむなし、との声も囁《ささや》かれるようになる。しかし、幸之助は「従業員は一人も減らさない」と宣言。さらに、在庫を減らすため、工場の稼働は半日とするが、従業員にはまるまる一日分の日当を払うことを約束。その代わり全社一丸となって販売に力を入れようと語ったという。この心意気は社員の心を打った。松下電器は、わずか二カ月で在庫を売り切り、不況を乗り切ったのである。

その後、徐々に日本は戦争へと歩《あゆ》みを進め、その影響は松下電器にも訪れた。軍の要請を受け、一九四三年、松下造船、松下飛行機を設立。資材の限られる中、終戦までに五六隻の船と四機の飛行機を製造。ともに木製であった。

一九四五年八月十五日、玉音《ぎょくおん》放送があり、終戦が告げられた。その翌日、松下幸之助は、民需産業への復帰、祖国の再建を社員に訴えたという。しかし、戦後日本は、GHQの占領下に入り、軍需を受けていた松下電器および松下幸之助は、公職追放など、七つの制限を加えられ、さらに社長退陣の要求まで突きつけられる。これに猛烈に反対したのは、松下電器の労働組合だった。かつて不況時にも人員削減をしなかった幸之助を、今度は社員が守ったのである。

しばらくは厳しい経営を余儀《よぎ》なくされた松下電器であったが、二年後の一九四七年から徐々に諸制限は解除される。一九五〇年、朝鮮戦争の勃発による特需もあり、ようやく経営は安定を見せる。その後もいち早く週休二日制を導入するなど、卓抜《たくばつ》した手腕を見せた松下幸之助は、松下電器（現パナソニック）を超一流企業に成長させ、「経営の神様」と呼ばれるようになる。戦後復興から日本の発展を経済面で支《ささ》えた松下幸之助は、一九八九年、九五歳で大往生《だいおうじょう》を遂げたのである。

ヒトラー▼世界中を混乱に陥れたドイツ総統

アドルフ・ヒトラーは一八八九年、ドイツとの国境に近いオーストリアのブラウナウに生をうける。税関吏《ぜいかんり》であった父は十四歳の年に、母は十八歳の年に亡くしている。若きヒトラーは画家を目指し、ウィーンの美術アカデミーを受験するが、二年続けて不合格となる。その間、しばらく遺産や自ら描いた絵葉書を売った収入で生活をしていたといわれる。

やがて第一次世界大戦が起こると、ドイツ陸軍に志願。二度の負傷をし、勲章も授与している。戦後、再び目的を失った彼は、ドイツ労働者党に入党。その巧みな演説により、党員獲得に力を発揮し、一九二一年、国民社会主義ドイツ労働者党（ナチ党）と改称した同党の党首となる。

敗戦後のインフレーションと世界恐慌による経済の悪化は、野党ナチ党に有利に働き、ついに一九三二年には国会で第一党になる。その後、首相に就任すると、全権委任法によってワイマール憲法を停止させ、ヒンデンブルク大統領が死去すると、総統となった。一九三四年、四五歳のヒトラーは、独裁者の地位を確立したのである。

ヒトラーは演説の名人だった（『アドルフに告ぐ』より）

一方、イタリアではムッソリーニ率いるファシスト党が一党独裁体制を確立。そのイタリアとドイツは一九三六年、ベルリン・ローマ枢軸《すうじく》を結ぶ。ここに日本も加わり、三国防共協定を締結。三国枢軸が結成されることになる。

やがてヒトラー率いるナチス・ドイツはオーストリアの併合、チェコスロバキアの解体などを強行。一九三九年、ソ連と独ソ不可侵条約を結び、ポーランド侵攻を開始する。すると、イギリス、フランスがドイツに宣戦布告し、第二次世界大戦が始まったのである。当初、ドイツは北欧やフランスなどに侵攻し、パリを占領するなど、優位に戦いを進めていく。その一方で、強制収容所によるユダヤ人虐殺《ぎゃくさつ》などの非人道的行為をとったのである。

他方、一九三七年より日中戦争の渦中にあった日本は、一九四一年、真珠湾攻撃を決行。戦火は太平洋をまたぎ拡大、米英との全面戦争に突入する。

やがて連合国軍の総反撃が始まると、ソ連のスターリングラードでドイツ軍が、ガダルカナル島で日本軍が敗《やぶ》れるなど、枢軸国側に敗戦の色が漂《ただよ》い始める。そんな中、一九四三年、連合軍がシチリア島に上陸すると、ムッソリーニが国王によって解任され、イタリアは無条件降伏する。翌年、連合軍はノルマンディーに上陸。パリを解放し、いよいよドイツの首都ベルリンに迫ったのである。窮地《きゅうち》に立たされた独裁者、ヒトラーは、自ら命を絶つ。一九四五年、四月三〇日のことであった。ベルリンを占領されたドイツは無条件降伏する。その後、広島、長崎への原爆投下の後、日本はポツダム宣言を受諾。第二次世界大戦は終了したのである。

戦後は、日本、ドイツとも連合国の占領下に置かれた。世界の国々は同じ過ちを繰り返さぬよう、国際連合の発足など、新たな平和への取組みを加速させていったが、台頭する米ソを中心とした冷戦など、さまざまな対立の火種《ひだね》は、次代へと残されていったのである。

▼大戦は多くの命を奪い、たくさんの悲劇を生んでいった

ヒトラーらが牽引《けんいん》した第二次世界大戦は、多くの悲劇を生んだ。松下幸之助もまた戦争の荒波を受けた一人である。しかし、松下ら多くの人の力によって、日本は復興を遂げ、世界は新たな未来に向け、歩み始めたのである。

日本初のノーベル文学賞受賞者と米国を代表する文豪

川端康成《かわばたやすなり》
【一八九九〜一九七二】

VS

ヘミングウェイ
【一八九九〜一九六一】

川端康成 ▼文学に身を捧《ささ》げた日本の文豪

日本文学史上、いや世界の文学史上に大きな足跡《そくせき》を残した川端康成《かわばたやすなり》。文学を愛した彼は、個人の創作のみならず、日本文学界の発展に大きく寄与した作家でもあった。

一八九九年、大阪の医師の子として生をうけた川端は、二歳の年に父を、三歳の年に母を亡くしている。その後も祖母と、ただ一人の姉も相次いで亡くし、祖父が唯一の身近な肉親となってしまう。さまざまな文学書を濫読《らんどく》し、中学二年の頃には小説家を志望するようになったという川端。ところが、十五歳の年に、その頼りの祖父も他界してしまう。以降、親

戚の世話になりながら学業に精を出すことになる。ちなみに、後年、三島由紀夫《みしまゆきお》は彼のことを「葬式の名人」と呼んだというが、その三島の葬儀でも、川端康成は葬儀委員長を務めている。

一九一七年、川端は第一高等学校へ入学。翌年、初めて伊豆へと一人旅に出かける。この時、旅芸人の一座とめぐり合ったのが、不朽《ふきゅう》の名作『伊豆の踊子《おどりこ》』のモチーフとなる。「私は二十歳、高等学校の制帽をかぶり、紺飛白《こんがすり》の着物に袴《はかま》をはき、学生カバンを肩にかけていた。」と、『伊豆の踊子』にあるが、このような姿で学生時代の彼は一人旅をしていたのであろう。

高校卒業後、東京帝国大学に入学した川端は、菊池寛《きくちかん》のもとを訪ね、さまざまな点で世話になったという。芥川龍之介《あくたがわりゅうのすけ》や横光利一《よこみつりいち》といった作家たちとも、菊池の紹介で親交を結ぶ。川端は在学中に『新思潮』を創刊、また、菊池寛の創刊した『文藝春秋』にも編集同人として参加した。東大卒業後は、『文芸時代』を創刊。俗にいう「新感覚派」の作家として活躍していくのである。

彼は、作家として『伊豆の踊子』『古都』『名人』『掌《てのひら》の小説』『雪国』などさまざまな名作を生み出していくとともに、芥川賞選考委員や日本ペンクラブ会長に任命されるなどの活動を通して日本文学の発展に寄与していく。

川端康成が四六歳の年に日本は終戦を迎える。多くの日本人は激しい喪失感の中から復興への道を歩み始めた。そんな日本人を励ましたのは戦後間もない一九四九年に湯川秀樹《ゆかわひでき》がノーベル賞を受賞したことであったという。復興期の日本にあって、国際的に活躍が認められた日本人の登場が人々を活気づかせたのである。そして、文学の世界でも川端康成は五九歳の年に国際ペンクラブの副会長も務め、後に国際ペン大会でゲーテ・メダルを、フランス政府から芸術文化オフィシエ勲章が贈られるなど、世界を舞台に活躍していく。そして一九六八年、日本人として初めて、アジアでも二人目のノーベル文学賞を受賞する。「国境の長いトンネルを抜け」、国際的な文豪へと成長していったのである。

川端康成は、文学史上に輝く名作を次々と創作していったことはもちろん、日本ペンクラブ会長として資金集めに奔走したり、国際ペンクラブ東京大会の開催のために奮闘したり、あるいは当時まだ同時通訳などの環境も整っていなかったといわれる海外の国際ペンクラブの大会にも積極的に参加したりと、まさに東奔西走《とうほんせいそう》して文学のために生き抜いたのである。

一九七二年、逗子《ずし》にある仕事部屋でガス自殺を遂げる。七三歳の年のことであった。文学のために生涯を捧げた文豪は、遺書も残さずに逝《い》ってしまったのである。

ヘミングウェイ▼アメリカ文学に新しい風を吹き込んだ作家

アーネスト・ヘミングウェイは一八九九年、イリノイ州で生をうけている。父は開業医で男二人女四人の兄弟の中で育った。十代からボクシングやフットボール、射撃などのスポーツで活躍するかたわら、文芸にもいそしんでいたという。第一次世界大戦にアメリカが参戦した一九一七年、ハイスクールを卒業し、新聞社へと就職。後に、従軍したいという強い希望から志願兵に応募。イタリア戦争に参戦し、足に大きな傷を負う。

第一次大戦後、強い喪失感が社会に蔓延《まんえん》していた時代を生き、アメリカ文学に新しい風を吹き込んだ世代の作家たちを「ロスト・ジェネレーション」と呼ぶ。その代表といわれるのがヘミングウェイである。

戦後、彼はトロント、パリ、マドリッドなどで編集者、記者としての活動を続けながら小説の執筆も始め、やがて執筆活動に重きを置くようになっていく。また、一九三六年にスペイン内戦、一九三九年に第二次世界大戦が起こると、従軍記者として積極的にヨーロッパへと渡った。

『われらの時代に』、『日はまた昇る』、『武器よさらば』、『誰《た》がために鐘は鳴る』、『老人と海』……。文学史上に燦然《さんぜん》と輝く数々の名作は、いくつもの戦争に従軍した際の体験や戦後の喪失感、さらに世界中を旅した経験など、彼自身が実際に体験した事柄が大きく反映しているといわれている。

学生時代にスポーツで鍛えた体と長年居住したフロリダのイメージも手伝って、健康的な人物像が定着している感があるヘミングウェイであるが、実は数々の負傷によって、病院生活も多かった。イタリア戦線で重傷を負ったことは前述したが、少年時代にボクシングで左目を負傷した後遺症は成人してからも残っており、タクシーにはねられてもいる。そして、最大の事故は一九五四年ウガンダで遭《あ》った飛行機事故である。この事故では頭蓋骨裂傷《ずがいこつれっしょう》という大怪我を負い、九死に一生を得たという。

この事故の後、体調が振るわなくなり、事故の翌年、ノーベル文学賞を受賞したものの授賞式に出席することができなかったという。

六〇歳を過ぎると、ノイローゼの症状も重くなり、高血圧、糖尿病で入退院を繰り返すようになる。そして、一九六一年、アメリカを代表する文豪は、猟銃で自ら命を絶ったのである。

▼日本とアメリカの文学を大きく飛躍へと導いた二人

ともに一八九九年、医師の子として生まれ、ノーベル文学賞を受賞し、最期は自ら命を絶った川端康成とヘミングウェイ。単に同い年というだけではない共通点がある。その最大のものは、国際的な文学社会の中で自国の文学に大きな貢献をしたということであろう。

彼らの存命中、アメリカはまだ建国二百年を経ておらず、当然アメリカ独自の文学というものの歴史は浅い。また、日本は広く文学としての歴史は長いものの、いわゆる近代的文学が花開いたのは、明治以降と考えるのが一般的といえよう。その日本とアメリカでは、この時期、川端康成やヘミングウェイのような世界に誇れる作家、作品が次々と登場し、それぞれ独自の文学史を築き上げていくことになるのである。

日本文学、アメリカ文学が世界に並び立つ独自の発展を遂げていったのは、彼らのような二つの大戦を経験した世代によるところが大きいといってよいだろう。さらに、日本とアメリカは、文学の世界のみならず広く文化、そして経済大国としても大きく飛躍、発展し、新たな世紀へと旅立っていくのである。

夢を与え続けた漫画家と新時代を築いた宇宙飛行士

手塚治虫《てづかおさむ》
【一九二八〜一九八九】

VS

ニール・アームストロング
【一九三〇〜二〇一二】

手塚治虫 ▼クールジャパンの先駆けとなった男

手塚治虫《てづかおさむ》は、一九二八年、大阪府豊中《とよなか》市に生まれた。本名は「治《おさむ》」である。五歳の時、一家そろって宝塚《たからづか》市に引っ越す。当地は、まだ創設二〇年足らずだった宝塚歌劇団《たからづかかげきだん》の本拠地で、幼い手塚は歌劇団の「ヅカ・ガール」と接する機会も多かったという。その頃の思い出が、後の名作『リボンの騎士』などに活かされているという。

幼い頃から漫画好きで、小学三年生の時に初めての漫画『ピンピン生チャン』を描く。また当時、田河水泡《たがわすいほう》の『のらくろ』などを愛読しており、田河の漫画が読みたくて、『少国民新聞』を購読してもらったこともあったという。しかし、当時の手塚は、まさか一〇年も経ずに、同紙に自分の漫画が掲載されることになるとは思ってもみなかったことだろう。

一九三九年、小学五年生の時に、「オサムシ」という虫がいることを知り、自身の名前に「虫」をつけて「手塚治虫《おさむ》」をペンネームとした。同年、第二次世界大戦が勃発。二年後には日本の真珠湾攻撃により、太平洋戦争が始まるが、まだ、当時の手塚には直接の影響は少なく、昆虫や漫画を追いかける日々であった。しかし、戦時体制に拍車がかかる一九四四年になると、軍事教練を受けたり、勤労動員で工場に勤めたりといった日々を過ごすようになる。焼夷弾《しょういだん》が降《ふ》り、空襲警報《くうしゅうけいほう》が鳴る中でマンガを描いていたという逸話もある。

終戦の前の月に、手塚は大阪大学付属医学専門部に入学。翌年、『マアチャンの日記帳』で漫画家デビュー。掲載紙は『少国民新聞（大阪版）』である。翌年、『新宝島』を刊行。この作品は四〇万部を記録するベストセラーとなる。まだ十九歳の大学生であった手塚治虫は、松下幸之助や湯川秀樹などとは別のやり方で戦後の混乱期にあった人々の心に明るい希望を与えたのである。

『新宝島』の後、しばらくは学業に漫画に充実の時を過ごすことになる。一九五〇年、

手塚はしばしば自伝的な漫画を描いたり、作品の中に自身を登場させたりした
（『ゴッドファーザーの息子』より）

『ジャングル大帝』の連載が開始。翌年、大阪大学医学部を卒業。その翌月から『アトム大使』の連載が始まる。一年間続いた後、『アトム大使』は『鉄腕アトム』となる。国民的名作漫画のスタートである。その数カ月後、手塚治虫は医師国家試験にも合格している。同年、東京四谷《よつや》に拠点を移し、翌年、豊島区のトキワ荘へと引っ越す。後に、このアパートは、手塚に憧《あこが》れた漫画家志望者が集《つど》う聖地となる。

その後も、順調に仕事を続け、三四歳の年に手塚治虫プロダクション動画部を設立。アニメーションの世界にも力を入れる。二年後の一九六三年一月には、国産初のテレビアニメシリーズとして『鉄腕アトム』が放映され、同年九月にはアメリカでも放映された。後にはイギリス、フランス、タイ、フィリピンなど、二〇カ国以上でも放映されることになる。

以降も精力的に仕事をこなし、『ブラック・ジャック』、『火の鳥』、『マグマ大使』、『どろろ』、『アドルフに告《つ》ぐ』などのヒットを飛ばした手塚治虫は一九八九年、帰らぬ人となる。その逝去の時には、三本の連載を抱えていたという。

ニール・アームストロング▼人類史上に残る大きな一歩をしるした男

第二次世界大戦の終了後に大きな出来事が二つ起こった。一つは、アジアやアフリカで多くの独立国家ができたこと。もう一つは世界各国がアメリカとソ連を中心とした東西陣営に分かれ、対立する構図ができ上がったことである。東西陣営の対立は、実際に戦火を交《まじ》えないことから、「冷戦《れいせん》」とも呼ばれた。とはいえ、ソ連がアメリカのすぐ南にあるキューバにミサイル基地を建設したことに端を発するキューバ危機では、核戦争勃発まであと一歩という非常に危険な状態にまで迫っていたという。米ソ両国は、その威信をかけ、さまざまな面で対立を繰り返した。それはスポーツや宇宙開発などにも及んでいる。その状況下で力を発揮したのが、ニール・アームストロングである。

ニール・アームストロングは、一九三〇年、オハイオ州の生まれである。子どもの頃から飛行機で空を飛ぶことを夢見ていたという彼は、自動車免許よりも先に飛行機の免許を取得したという。十代半ばで第二次世界大戦の終戦を迎え、高校卒業後、海軍に入隊する。

一九五〇年、朝鮮戦争が勃発すると、これに参加し、七八回もの従軍飛行を経験したという。一九五二年に退役後、パーデュー大学に入り、一九五五年、航空専攻工学士の資格を取得して卒業。同年、NASAの前身であるNACAに就職する。ここではエンジニア兼テストパイロットとして、あらゆる飛行機のテストに加わった。ハンググライダータイプからプロペラ機、超音速ロケットまで、二〇〇種以上の機種の操縦桿《そうじゅうかん》を握ったという。

この頃、米ソの威信をかけた宇宙開発競争は激しさを増していた。一九五七年、ソ連は人工衛星打ち上げに成功。一九六一年にはソ連のガガーリン少佐が初の宇宙有人飛行に成功。「地球は青かった」の言葉を残した。同年、劣勢にあったアメリカのケネディ大統領は「アメリカは六〇年代に人間を月に送る」と宣言する。

翌年、アームストロングは宇宙飛行士に選抜される。その翌年、ケネディは暗殺されるが、彼の意志であった宇宙開発は続けられ、一九六六年、ジェミニ八号に乗船したアームストロングらは史上初となる宇宙空間でのドッキングに成功する。

そして運命の一九六九年、すなわち六〇年代最後の年、アームストロング船長率いるアポロ十一号は月面着陸に成功。初めて月に降り立ったニール・アームストロングは「一人の人間にとっては小さな一歩だが、人類にとっては大きな飛躍である」の名セリフを残した。ソ連の後塵《こうじん》を拝《はい》してきたアメリカが宇宙開発競争で一歩先んじた瞬間でもあった。

その二年後、アームストロングは、NASAを引退。大学で宇宙工学の教授を務めるかたわら、宇宙関連企業の役員などを歴任。生涯、宇宙開発に携わり、一九八六年にスペースシャトル、チャレンジャー号が爆発事故を起こした際には事故調査にも加わっている。

一方、一九八九年、米ソ首脳は冷戦の終結を宣言。その後も、宇宙開発は続き、アメリカやロシア、日本、カナダ、欧州が協力して国際宇宙ステーションの建設などが進められた。

二〇一二年、惜《お》しまれつつアームストロングは没した。しかし、平和的な宇宙開発を望む声は依然として高く、熱心な開発が今も続けられている。

▼技術開発による人類の発展は、これからも続いていくだろう

手塚治虫が『鉄腕アトム』で描いたロボットの世界は二一世紀に入りますます発展し、アームストロングがしるした宇宙への一歩は、日進月歩の進化を遂げている。夢と希望を追い求める一人ひとりの取り組みが新たなる歴史をつくり上げていくのである。

COLUMN-05

まだまだいるゾ！ 同い年 ！ …〈近現代編〉

日本	◀VS▶	世界
世界的に活躍した医学者、細菌学者 **野《の》口《ぐち》英《ひで》世《よ》**（1876-1928）	同い年	スパイとして処刑された美しきダンサー **マタハリ**（1876-1917）
『荒城の月』、『鳩ぽっぽ』などの作曲者 **滝《たき》廉《れん》太《た》郎《ろう》**（1879-1903）	同い年	「相対性理論」で注目を浴びた理論物理学者 **アインシュタイン**（1879-1955）
日ソ国交回復を実現した政治家 **鳩《はと》山《やま》一《いち》郎《ろう》**（1883-1959）	同い年	イタリアを戦争に導いたファシスト党党首 **ムッソリーニ**（1883-1945）
婦人参政権獲得に尽力した婦人運動家・政治家 **市《いち》川《かわ》房《ふさ》枝《え》**（1893-1981）	同い年	中華人民共和国を建国した中国共産党指導者 **毛《もう》沢《たく》東《とう》**（1893-1976）
『雨ニモマケズ』、『風の又三郎』などで有名な詩人・童話作家 **宮《みや》沢《ざわ》賢《けん》治《じ》**（1896-1933）	同い年	『偉大なるギャッビー』などを著した米作家 **フィッツジェラルド**（1896-1940）
『ゴジラ』、『ウルトラマン』などで知られた特撮監督 **円《つぶら》谷《や》英《えい》二《じ》**（1901-70）	同い年	テーマパークでも有名なアニメ映画製作者 **ディズニー**（1901-66）
小津作品や『男はつらいよ』などで活躍した名俳優 **笠《りゅう》智《ち》衆《しゅう》**（1904-93）	同い年	シュールレアリスムで有名なスペインの画家 **ダリ**（1904-89）
大戦で戦死した巨人軍の名投手 **沢《さわ》村《むら》栄《えい》治《じ》**（1917-44）	同い年	若くしてアメリカを率いた第三五代大統領 **ケネディ**（1917-63）

■主な参考文献

大石学監修『知れば知るほど面白い徳川将軍十五代』実業之日本社 じっぴコンパクト新書／全国歴史教育研究協議会『日本史B用語集』山川出版社／五味文彦・鳥海靖編『もういちど読む山川日本史』山川出版社／笹山晴生・五味文彦・吉田伸之・鳥海靖編『詳説日本史史料集』山川出版社／詳説日本史図録編集委員会『山川 詳説日本史図録』山川出版社／小和田哲男『日本の歴史がわかる101人の話』三笠書房 知的生きかた文庫／『日本歴史人物事典』朝日新聞社／『日本史大事典』平凡社／坂本太郎・家永三郎・井上光貞・大野晋校注『日本書紀（四）』岩波書店 文庫／佐藤謙三校注『今昔物語集 本朝世俗部上巻』角川書店 文庫／窪田章一郎校注『古今和歌集』角川書店 文庫／大津有一校注『伊勢物語』岩波書店 文庫／島内景二『源氏物語と伊勢物語』PHP研究所 新書／野上豊一郎・西尾実校訂『風姿花伝』岩波書店 文庫／古川薫全訳注『吉田松陰 留魂録』講談社 講談社学術文庫／日本博学倶楽部『幕末維新 あの人の「その後」』PHP研究所 文庫／日本博学倶楽部『「歴史」の意外な結末』PHP研究所 文庫／中江克己『徳川将軍の意外なウラ事情』PHP研究所／ドナルド・キーン著 松宮史朗訳『思い出の作家たち』新潮社／保昌正夫編集・評伝『新潮日本文学アルバム16 川端康成』新潮社／川端康成『雪国』新潮社 文庫／川端康成『伊豆の踊子』新潮社 文庫／松下幸之助『松下幸之助 夢を育てる』日本経済新聞社 日経ビジネス人文庫／『男の隠れ家 2014年12月号』三栄書房／佐藤次高・木村靖二・木村美緒（ほか3名）『詳細世界史』山川出版社／水村光男『増補版 世界史のための人名事典』山川出版社／全国歴史教育研究協議会『世界史B用語集』山川出版社／谷澤伸・甚目孝三・柴田博・高橋和久『世界史図説ヒストリカ』山川出版社／川北稔・桃木至朗監修『最新世界史図説タペストリー』帝国書院／梅棹忠夫、江上波夫監修『世界歴史事典ENCYCLOPEDIA RHETORICA』教育出版センター／『ブリタニカ国際大百科事典』ティビーエスブリタニカ／『一冊でわかる イラストでわかる 図解世界史』成美堂出版／朝倉治彦・三浦一郎『世界人物逸話大事典』角川書店／『世界伝記大事典』ほるぷ出版／綿引弘『世界の歴史がわかる本 ルネッサンス・大航海時代～明・清帝国編』三笠書房 知的生きかた文庫／阿部謹也『物語 ドイツの歴史』中央公論新社 新書／酒井榮八郎『ドイツ史10講』岩波書店 新書／寺田隆信『物語 中国の歴史』中央公論新社 新書／猿谷要『物語 アメリカの歴史』中央公論新社 新書／佐藤賢一『英仏百年戦争』集英社 新書 ／倉田保雄『ナポレオン・ミステリー』文藝春秋 新書／柴田三千男『フランス史10講』岩波書店 新書／近藤和彦『イギリス史10講』岩波書店 新書／佐藤晃子『常識として知っておきたい世界の絵画50』河出書房新社 夢新書／佐藤晃子『常識として知っておきたい日本の絵画50』河出書房新社 夢新書／NHK『迷宮美術館』制作チーム『迷宮美術館』第1～3集 河出書房新社／加藤雅彦『ハプスブルク帝国』河出書房新社 文庫 ／アントニア・フレイザー（野中邦子訳）『マリー・アントワネット 上・下』早川書房 文庫／ヘミングウェイ（大久保康雄訳）『武器よさらば』新潮社 文庫／世界文学研究会『面白いほどよくわかる世界文学』日本文芸社

■主な参考ホームページ

コトバンク（大辞林・日本大百科全書・朝日日本歴史人物事典等）／新聞社（朝日・読売・毎日）／出版社（ダイヤモンド・WEDGE等）／大学（天理大学等）／企業（パナソニック等）／博物館・美術館等（国立新美術館・手塚治虫記念館・松下資料館等）

監　修　者

河合 敦（かわい　あつし）
1965年、東京都生まれ。早稲田大学大学院博士課程単位取得満期退学（日本史専攻）。第17回郷土史研究賞優秀賞（新人物往来社）、第6回NTTトーク大賞優秀賞を受賞。文教大学付属中学・高等学校で日本史を教えるかたわら、執筆活動を行なう。『世界一受けたい授業』（日本テレビ）、『クイズプレゼンバラエティーQさま!!』（テレビ朝日）など、テレビ出演も多数。主な著書には、本書の既刊シリーズ『世界史もわかる日本史』、『世界史もわかる日本史〈近現代編〉』（ともに監修／実業之日本社）のほか、『早わかり日本史』（日本実業出版社）、『吉田松陰と久坂玄瑞』（幻冬舎）、『外国人がみた日本史』（ベスト新書）などがある。

執筆　福田智弘

じっぴコンパクト新書　254

JIPPI Compact

いっきに！　同時《どうじ》に！
世界史《せかいし》もわかる日本史《にほんし》［人物編《じんぶつへん》］

2015年　5月25日　初版第1刷発行

監修者……………河合　敦
発行者……………増田義和
発行所……………実業之日本社
〒104-8233　東京都中央区京橋3-7-5 京橋スクエア
電話（編集）03-3535-2393
　　（販売）03-3535-4441
http://www.j-n.co.jp/
印刷所……………大日本印刷
製本所……………ブックアート

ISBN978-4-408-45559-4（学芸第2）